Anne L. Biwer

Kipper-Wahrsagekarten

Deutungen und Legemethoden

Schirner
Verlag

Die Autorin:

Anne L. Biwer, geboren 1955 und zweisprachig, deutsch-französisch, aufgewachsen, ließ sich zur Erzieherin ausbilden und beschäftigte sich dann als Folge ihrer Tätigkeit mit Waldorf-Pädagogik und Anthroposophie. Im Zuge der Neugestaltung ihres Lebens als alleinerziehende Mutter von drei Kindern begann sie, sich Anfang der neunziger Jahre mit Wahrsagekarten auseinanderzusetzen, und kam dabei über die Karten der Mlle Lenormand auf die Zigeuner-Wahrsagekarten und die Kipper-Wahrsagekarten, die sie durch ihre erfrischende Einfachheit begeisterten und zu Nachforschungen über Ursprung und Deutung anregten. Anne L. Biwer ist mittlerweile als Heilpraktikerin in eigener Praxis tätig.

Das Buch:

Die Kipper-Wahrsagekarten sind ein ebenso klares wie aufschlußreiches Orakelspiel. Seit seiner Entstehung im 19. Jh. ist es ein Kartendeck für den Alltag und für die Sorgen und Freuden der einfachen Leute; auch heute noch ist es weit verbreitet und beliebt.

Mit den Kipperkarten kann jeder Interessierte das Kartenlegen erlernen! Es ist nicht weiter verwunderlich, daß auch viele professionelle Kartenleger/innen gerne mit den Kipperkarten arbeiten: Die beschrifteten Karten sprechen zeitlose Probleme an und die Bilder wirken fast durchweg freundlich, wecken keine Ängste. Und so sind auch die Antworten, die dem Fragesteller gegeben werden können, deutlich und positiv.

ISBN 3-89767-113-1

© 2002 Schirner Verlag, Darmstadt
Zweite Auflage 2003

Alle Rechte vorbehalten

Abbildung der Kipper-Wahrsagekarten mit freundlicher Genehmigung der Firma Spielkartenfabrik Altenburg GmbH, Altenburg

Umschlag: Murat Karaçay
Satz und Redaktion: Kirsten Glück
Herstellung: Reyhani Druck & Verlag, Darmstadt
Printed in Germany

Inhaltsverzeichnis

Vorwort

Die Kipper-Wahrsagekarten sind ein ebenso klares wie aufschlußreiches Orakelspiel! Seit seiner Entstehung im 19. Jh. sind es Menschen „wie du und ich", die gerne damit arbeiten. Als Kartenset für den Alltag, für die Sorgen und Freuden des Volkes, ist es auch heute noch weit verbreitet und beliebt.

Mit den Kipper-Wahrsagekarten kann jeder, der sich dafür interessiert, das Kartenlegen erlernen. Die beschrifteten Karten sprechen zeitlose Probleme an, die Bilder wirken fast durchweg freundlich und wecken keine Ängste. Und so sind auch die Antworten, die dem Fragesteller gegeben werden können, deutlich und positiv. Deshalb arbeiten auch viele professionelle Kartenleger/innen gerne mit den Kipper-Wahrsagekarten, sie verwenden allerdings meist eigene Legemethoden, die mit den überlieferten nicht viel zu tun haben.

Üblicherweise werden die Kipper-Wahrsagekarten in größerer Zahl ausgelegt, aber die Legesysteme sind keineswegs schwierig, wie Sie sehen werden. In diesem Buch finden Sie die ursprünglichen Methoden aus dem ersten Anleitungsheftchen von 1890. In dieser Form haben sie sich mit leichten Abwandlungen in der Bevölkerung erhalten, wie ich bei meinen Nachforschungen herausfand. Den Mittelpunkt bildet immer die Karte „Hauptperson", welche den Fragenden darstellt und je nachdem wird entweder die Karte „Hauptperson männlich" oder „Hauptperson weiblich" genommen.

Zum Einstieg verhilft eine einfache, aber immer wieder aufschlußreiche Legung, die „Vier", eine Abwandlung des Kreuzes. Besonders interessant ist eine Methode, die das „Alte Spiel" genannt wird. Fast alle Frauen, welche die Kipper-Wahrsagekarten aus Familientradition heraus anwenden, berichteten mir von verschiedenen kleinen Abschlußlegungen, den „Proben". Auch diese sind hier dargestellt. Es dürfte wohl das erste Mal sein, daß diese Legungen aufgezeichnet werden! So finden Sie hier nun das gesamte im Volk verbreitete Wissen über die Kipper-Wahrsagekarten in einem Buch zusammengefaßt.

Nur Mut! Sie brauchen keinen Lehrer oder Ratgeber, nur dieses kleine Buch, und bald finden Sie Antworten auf die Fragen, die Sie beschäftigen!

Die Kipper-Wahrsagekarten
und ihre Geschichte

Im Tarot liegt der Ursprung der Wahrsage-, aber auch der Spielkarten. Es heißt, daß die Kreuzritter dieses, auch „Königliches Spiel" genannte Tarot, nach Europa brachten. Aber auch die Zigeuner trugen zur Verbreitung des Tarots bei. Bald schon entstanden die vielfältigsten Abwandlungen, und dies trotz wiederholt ausgesprochener Verbote der kirchlichen oder weltlichen Obrigkeit. Gegen Mitte des fünfzehnten Jahrhunderts wurden die Karten von diesen gar „Gebetbuch des Teufels" genannt. Ihrer Beliebtheit tat das keinen Abbruch. Das einfache Volk sah ja nur in den Kirchen gemalte Bilder, und wenn es aus diesen die Geschichte Christi entnahm, dann suchte es eben aus den geheimnisvollen Bildern der Karten Rat für den Alltag – wenn es denn jemanden fand, der die Karten zu deuten vermochte.

Selbstverständlich gab es auch andere, volkstümlichere Orakel, wie das Handlesen oder das Werfen kleiner Steine, aus dem sich das Würfelspiel entwickelte. Das „Werfen des Loses" ist aus dem antiken Griechenland und dem alten Rom überliefert, ebenso das Erwürfeln von Wahrsageprüchen. Im Spätmittelalter (14./15. Jh.), als die Karten endgültig als Teufelswerk geächtet wurden und ihr Gebrauch als Verstoß gegen das erste Gebot (der zehn Gebote des Alten Testaments) von der Inquisition streng bestraft wurde, entwickelte sich diese Orakelform neu, und zwar in Form der „Losbücher". Es handelte sich dabei um eine Mischung von Würfelspiel und Antwortsprüchen. Letztere waren meist mit Bildern kombiniert, wobei diese sich nun nicht mehr auf Karten, sondern innerhalb eines Kreises auf einer Buchseite befanden. Die Illustrationen und Texte stellten biblische Szenen dar, Päpste und Bischöfe oder ritterliche Sagengestalten, Erläuterungen wurden meist in scherzhaftem Ton gehalten. Damit bewegte sich das ganze an der Grenze zwischen Wahrsagerei und Gesellschaftsspiel. Auch die Losbücher stießen auf heftige Ablehnung seitens der Kirche. Allerdings scheinen all die zum „Zauberwerk" verfaßten Traktate und katechetischen Schriften nicht viel Zustimmung bei den Fürsten gefunden zu haben, denn über drei Jahrhunderte blieben die Losbücher und die dazugehörigen Spiele in höfischen Kreisen beliebt.

Mit dem aufkommenden Buchdruck und dem damit einhergehenden sich verbessernden Bildungsstand des Bürgertums verbreiteten sich die Losbücher auch im Volk. Nur wenige sind erhalten geblieben, neben dem Mainzer Losbuch verdient da noch ein besonderes Kleinod Erwähnung: das Werk des Konrad Bollstatter (1420–1473). Mehr als zwanzig Jahre (1450–1473) arbeitete Bollstatter an seinem Lebenswerk, in dem er Wahrsagesprüche aus zehn alten Vorlagen sammelte. Er war einer der letzten „Bücherschreiber". Zwar stand er auch zeitweise im Dienste eines Grafen, den größten Teil seines Lebens jedoch schlug er sich als freier Lohnschreiber durch. Bücherschreiber war ein aussterbender Berufsstand, denn handschriftliche Kopien auf Pergament waren innerhalb kurzer Zeit nicht mehr gefragt, gedruckte Bücher verdrängten die kunstvollen Handschriften und prachtvollen, handgemalten Illustrationen. Konrad Bollstatter lebte die letzten Jahrzehnte seines Lebens in Augsburg, wo er nur ein kärgliches Auskommen fand. Er starb völlig verarmt, seine Hinterlassenschaft aber war kostbar: ein einmalig schönes und reich gestaltetes Losbuch. Die sechzehn Fragen des Losbuches sind überraschend zeitlos – ganz so, als habe sich in nunmehr sechshundert Jahren nicht viel an den menschlichen Lebensumständen geändert. Und die Antworten, die auszuwürfeln sind, erweisen sich als erschütternd klar. Zweifellos wäre Konrad Bollstatter mit diesem Losbuch zumindest nach seinem Tod berühmt geworden, wenn es nicht – wie, ist bis heute ungeklärt – sofort nach seinem Tod in das Benediktinerkloster St. Ulrich und Alfa zu Augsburg gelangt wäre. Dort blieb es fest verschlossen, aber auch wohlbehütet bis zur Säkularisierung (Verstaatlichung) des Kirchenbesitzes im Jahre 1802 und wurde dann in die Bestände der Münchner Hofbibliothek eingegliedert.

Was nun hat das Losbuch des Konrad Bollstatter mit den Kipper-Wahrsagekarten gemeinsam? Zum einen ist es der Standort München, denn von hier aus wurden die Kipper-Wahrsagekarten über viele Jahre hinweg vertrieben. Zum anderen sind es die Themen, die Fragen nach Liebe, Freundschaft, Arbeit, Geld und Erfolg und Gesundheit sowie wahrscheinlich auch die sicheren Antworten auf diese Fragen. Alle Wahrsagekarten mit Beschriftung haben sich aus den Losbüchern entwickelt, insbesondere, wenn sie sich wie die Kipper-Wahrsagekarten nicht mehr in Farben, wie Kreuz, Pik, Herz oder Karo, unterscheiden. Ein direkter Vorläufer der Kipper-Wahrsagekarten sind die Kleinen Lenormand-Karten*, die in den sechziger Jahren des neunzehnten Jahrhunderts nach Deutschland kamen. Wenn dieses Set auch noch nach Farben unterteilt war, so ist doch in der Anzahl der Karten (36), in der Themenwahl und in den Motiven recht deutlich die Ähnlichkeit zu entdecken.

1847 erschien in Berlin unter dem Titel „Karten der berühmten Wahrsagerin Mlle Lenormand aus Paris, allein richtige Anleitung und Erklärung der Wahrsagekunst in zwei Theilen" (Literatur und Kunst Comptoir) eines der ersten Anleitungsbücher zu den Lenormand-Karten in deutscher Sprache. Marianne Lenormand war zu diesem Zeitpunkt allerdings bereits fünf Jahre verstorben.

Aber was war Deutschland überhaupt im Jahre 1850? Es gab

---

*(vgl. Anne L. Biwer: „Die Lenormand-Karten")

gar keinen einheitlichen deutschen Staat und die politische Lage war unruhig. Fast hätte es einen Krieg gegeben zwischen Preußen, das gerne die Vorherrschaft über den durchaus angedachten deutschen Großstaat übernommen hätte, und Kurhessen. Sowohl Rußland als auch Österreich und ebenso England hätten sich im Kriegsfalle eingemischt, also zogen die preußischen Politiker (insbesondere Bismarck) die diplomatischen Bemühungen vor. Schleswig-Holstein geriet kurz darauf unter dänische Herrschaft. Es gab nach den demokratischen Bestrebungen der Frankfurter Paulskirchenversammlung einen deutlichen Ruck zurück zur absoluten Monarchie, selbst wenn diese Alleinherrscher nur kleinere deutsche Fürstentümer regierten. Nicht nur der preußische König, auch der österreichische Kaiser hatten ein Interesse daran, einem vereinigten deutschen Reich vorzustehen.

Diese Zuständigkeit klärte sich erst durch den Deutschen Krieg von 1866, als Preußen Schleswig-Holstein von den Dänen zurückeroberte. Es bildete sich nun der Norddeutsche Staatenbund, dem Österreich nicht mehr angehörte. Vier Jahre später schlossen sich alle deutschen Staaten zum Deutschen Reich zusammen, und der preußische König Wilhelm I. wurde zum deutschen Kaiser gekrönt. Dies geschah 1870 in Paris. Vielleicht wäre es gar nicht zu diesem Zusammenschluß gekommen ohne den Deutsch-französischen Krieg, der zwar von Frankreich erklärt worden war, aber zugunsten Deutschlands ausging. Bayerns König Ludwig hatte bis dahin gezögert, sich dem Deutschen Reich anzuschließen, und als er es 1870 dann doch tat, blieben dem bayrischen „Freistaat" viele Verfassungsrechte erhalten.

Dieser Zusammenschluß bedeutete eine angenehme Vereinfachung des Lebens für die Bevölkerung, mochten Könige und Kaiser auch an Macht und Krieg denken: Innerhalb Deutschlands gab es nun keine Zölle mehr, keine Grenzübergänge, was einherging mit einer neuen Bewegungsfreiheit und dadurch auch neuen wirtschaftlichen Möglichkeiten. Ein großer Wirtschaftsaufschwung war die Folge, allerdings auch bedingt durch die für den verlorenen Krieg von Frankreich zu leistenden Entschädigungszahlungen in Milliardenhöhe. Bis 1873 flossen die Goldfrancs nach Deutschland, eine Spekulationshausse ließ viele Aktiengesellschaften und Firmen entstehen, und eine spezielle Lebensform, eine eigene Kunstausrichtung, war die Folge: der Stil der Gründerjahre.

In diesen Jahren entstanden die Kipper-Wahrsagekarten, der Gründerstil verrät es uns. Entworfen, gezeichnet und mit Text versehen wurden sie von Susanne Kipper. Wenn sie auch als „berühmte Wahrsagerin" bezeichnet wurde, so schien es sich dabei doch eher um einen Werbespruch zu handeln. Susanne Kipper stammte aus Berlin, aber zu dieser Zeit waren lediglich die Haushaltsvorstände – also die Männer – meldepflichtig, und so wird sie wohl im Haushalt eines Kolonialwarenhändlers dieses Namens gelebt haben.

Das Bürgertum, das seinen Wohlstand dem Handel verdankte, schien überhaupt ein guter Nährboden für kreative esoterische Leistungen gewesen zu sein: Knapp hundert Jahre zuvor wurde Marianne Lenormand als Tochter eines französischen Tuchhändlers geboren. Aber die berühmte Sybille von Saint Germain, wie sie auch genannt wurde, geriet in diesen Jahren (1870–1890) bereits in Vergessenheit. So richtig durchsetzen konnten sich die kleinen oder großen Lenormand-Karten in Deutschland ohnehin nie, das Wahrsagen mit Skatkarten war ungleich weiter verbreitet. Immerhin erschien das zuvor genannte Buch über die Lenormand-Karten in Berlin, und wir können davon ausgehen, daß Susanne Kipper es kannte.

Es ist nicht auszuschließen, daß gar die deutsch-französische Frage Susanne Kipper zu ihren Karten anregte. Dabei müssen wir bedenken, daß wir heutzutage durch das Dritte Reich und zwei

Weltkriege wesentlich sensibler mit Fragen des Nationalgefühls oder des Deutschseins umgehen, damals jedenfalls konnte der Krieg durchaus dazu führen, daß die Menschen „einheimische" Wahrsagekarten bevorzugten.

Brauchte Susanne zwanzig Jahre für die Vollendung ihres Orakels, ganz wie Konrad Bollstatter? Blieb ihr nur eine kurze Zeitspanne täglich, nachdem sie Haushalt und Kinder versorgt hatte, womöglich auch im Kolonialwarengeschäft mitgeholfen hatte? Oder hatte ihre Familie wirtschaftliche Sorgen? Denn der Aufschwung der Gründerjahre brachte nur den wenigsten dauerhaften Erfolg. Ein Börsenkrach und zahllose gescheiterte Existenzen führten 1886 zur Reform des Aktienrechts.

Etwa zu dieser Zeit verließ der Brauer und Wirt Matthias Seidlein die Stadt Nürnberg, um nach München umzusiedeln. In Nürnberg schrieb er sich noch Seidel, vielleicht verstand der Registrierungsbeamte den Namen nicht so genau oder die Münchner hatten ihn falsch geschrieben. Solche Dinge kamen vor! Jemand nahm es nicht so genau mit der Orthographie und eine unleserliche Kanzelschrift tat das ihrige dazu. Dieser Matthias Seidlein also hatte als Wirt in Nürnberg die Bekanntschaft mit einem der wenigen Orakelspiele gemacht, über deren Verkauf uns über so lange Zeit hinweg Daten erhalten geblieben sind. Es waren Wahrsagekarten mit dem einfachen Namen „Sybille", ein Deck mit 32 Blatt. Die Themen dieser Karten finden sich fast ausnahmslos mit ganz kleinen Abwandlungen später auf den Kipper-Wahrsagekarten. Ein Herr Jegel verkaufte diese Karten in Nürnberg, und speziell zwischen Weihnachten und Neujahr erzielte er mit seinem Kartenset „Sybille" einen beachtlichen Absatz, denn es wurde für Orakelspiele in der Neujahrsnacht verwandt. Eine Mode, die fast hundert Jahre lang erhalten blieb! Matthias Seidlein hatte Verwandtschaft in München, und offenbar ein Patenkind gleichen

Namens, das im Jahr nach der Umsiedlung unseres Wirtes geboren wurde. Es scheint, als habe dieser Kleine später den Schreibwaren-handel aufgenommen.

Vorerst erlebte München einen aufsehenerregenden kulturellen Aufschwung. Der zwar beliebte, in späteren Jahren jedoch geistig umnachtete König Ludwig II. wurde abgesetzt und starb kurz dar-auf unter mysteriösen Umständen. Da auch der nächste Thronan-wärter, der Königsbruder Otto, geisteskrank war, bestieg der On-kel der beiden als Prinzregent Luitpold den Thron. Luitpold, ein begabter Politiker, regierte sein Land als konstitutionelle Monar-chie, zu dieser Zeit eine sehr fortschrittliche Staatsform. Er vermit-telte zwischen Kirche, Sozialdemokraten und allen sonstigen Grup-pierungen und erlangte auf Dauer für seine bevorzugte Partei, die Katholischen Patrioten des Zentrums, den Wahlsieg. In diesem Kli-ma des Ausgleichs und der Toleranz fühlten sich bedeutende Künstler und Schriftsteller wohl, zu ihnen zählen u.a. Friedrich Au-gust Kaulbach (Maler, 1850–1920) Franz Lenbach (Maler, 1836–1904), Wilhelm Leibl (Maler, 1844–1900), Ludwig Thoma (Schriftsteller, 1867–1900), Ludwig Ganghofer (Schriftsteller, 1855–1920), Henrik Ibsen (norwegischer Dichter, 1828–1906), Rainer Maria Rilke (Dichter, 1875–1906), Max Reger (Komponist, 1873–1916) und Richard Strauß (Komponist, 1864–1949).

Gute Zeiten wahrscheinlich auch für einen Schreibwaren-handel, denn Frieden und Wohlstand erhöhen Bildungsstand und Lesehunger. Wie kam nun die Verbindung zwischen Susanne Kip-per und Matthias Seidlein zustande? Wir können es, wie vieles an-dere in dieser Geschichte auch, nur vermuten. Zwei Weltkriege haben zahllose Archive, die uns genaue Auskunft geben könnten, und die meisten schriftlichen Unterlagen in Flammen aufgehen las-sen, und Susanne Kipper hatte offenbar kein großes Interesse dar-an, die Welt von ihrem Leben etwas erfahren zu lassen. Reiste sie nach München, das aufgrund seiner beschriebenen Kultur damals ebenso interessant war, wie heute, und besuchte sie die berühmte Hofbibliothek, um das Losbuch des Konrad Bollstatter zu sehen? Oder hielt sie sich dort nur auf der Durchreise zur Sommerfrische in den Bayrischen Wald auf? Unbekannt dürften ihr die Alpen und die Zwiebeltürme der bayrischen Kirchen nicht gewesen sein, das erkennen wir an den Bildmotiven der Kipper-Wahrsagekarten. Hatte Susanne Kipper gar ein regelrechtes Interesse daran, daß ihre Karten fern des heimatlichen Berlins gedruckt wurden, um nicht allzu sehr ins Gerede zu geraten? Denn nach München oder in eine es umgebenden Städte umgezogen ist sie nicht. Jedenfalls machte sie die Bekanntschaft des Schreibwarenhändlers, und man muß wohl ins Gespräch geraten sein, schließlich war man ja gleichen Standes, kannte sich im Geschäftsleben aus und konnte sich einiges erzählen. Matthias Seidlein erinnerte sich wahrscheinlich des erwähnten Erfolgs der Sybille-Karten und verfügte wohl auch noch über einen Satz, den er Susanne Kipper zeigen konnte. Sie wiederum wußte von zahlreichen Publikationen zum Thema Kartenlegen in Berlin zu berichten. Es bestand ohne Zweifel in der Bevölkerung ein ungebrochenes Interesse an diesem esoterischen Zeitvertreib, und schließlich müssen sich die beiden einig geworden sein.

Gegen 1890 erschienen also zum ersten Mal die „Karten der berühmten Wahrsagerin Frau Kipper", und das ebenfalls erhalten gebliebene Anleitungsheft gibt uns genaue Auskunft darüber, wie diese Karten ausgelegt werden sollen und was sie bedeuten. Der Vollständigkeit halber sei auch ein Hinweis erwähnt, nachdem die Karten bereits 1873, bei einem Kartenmacher Kipper erschienen sein sollen. Möglich wäre es natürlich schon, dann wäre eine erste Auflage mit Hilfe eines Verwandten oder gar des Ehemannes der Susanne Kipper erschienen. Allerdings haben eingehende Nachfor-

schungen von mir in mehreren Museen, die über namhafte Karten-
bestände verfügen, und Nachfragen bei den beiden bedeutendsten
privaten Kartensammlern Europas immer wieder auf die Ausgabe
von 1890 als der ältesten verwiesen. Und mit diesem Jahresdatum
verschwand Susanne Kipper von der Bühne des Geschehens. So
gerne wir mehr über sie wüßten, es bleibt uns nichts anderes üb-
rig, als die Diskretion, mit der sie ihr Privatleben verbarg, zu re-
spektieren.

Erhalten geblieben sind einige Sätze dieser ältesten Auflagen.
Beschriftet waren sie folgendermaßen: „Wahrsagekarten bester
Art, womit jedermann sich selbst die Karten aufschlagen und in die
Zukunft sehen kann." Weiter heißt es auf den ersten Seiten des
Anleitungsheftes (von dem ich nur ein Exemplar in Privatbesitz
auffand und das ich handschriftlich (!) kopieren durfte): „Die Kar-
ten einer berühmten Wahrsagerin, gezeichnet und herausgegeben
von Frau Kipper." In einem Büchlein zum Thema Kartenlegen aus
dem Jahre 1899, „Die Kunst des Kartenlegens", erschienen in
Mühlheim a.d. Ruhr, findet sich in einer frühen Auflage der Hinweis: Alle Anleitungen, Tafeln und Erklärungen sind gültig für die
Deutsche und die Französische Spielkarte sowie die Karten der
Frau Kipper." Freilich bleibt dies neben dem erwähnten Anleitungsheft der einzig auffindbare historische Text. In der oben
genannten „Kunst des Kartenlegens" sind einige der allgemein üb-
lichen Legetechniken der Kipper-Wahrsagekarten zu finden,
spezifischere Hinweise zur Praxis des Kartenlegens mit den Kipper-Wahrsagekarten gibt es nicht.

1900 und 1910 kam es zu Neuauflagen des Kartendecks, zwar
in derselben Firma Matthias Seidlein, welcher aber wahrscheinlich
nun ein anderer Besitzer vorstand. Die Anleitung war auf Kurzform
zusammengeschrumpft, die Motive blieben gleich. Jetzt stand auf
der Packung: „Gezeichnet und herausgegeben von F. Kipper."

15

Vielleicht war es ja ganz im Sinne der Schöpferin, daß sie nun in Vergessenheit geriet, wie es zunächst auch mit Marianne Lenormand oder Konrad Bollstatter geschehen war. Um das Jahr 1920 allerdings geschah etwas Seltsames mit den Karten: Sie gingen in den Besitz der Firma F.X. Schmid über, und erschienen von da an seitenverkehrt gedruckt. Offenbar gab es ein technisches Problem bei der Übernahme! Wie auch immer, es tat der Beliebtheit der Karten keinen Abbruch! Längst hatten sie sich in ganz Deutschland und darüber hinaus verbreitet. Es war vor allem das einfache Volk, das sie gerne verwendete, und meine Nachforschungen ergaben, daß sich die ursprünglich von Susanne Kipper vorgeschlagenen Legungen und Erläuterungen bis heute im Gebrauch erhalten haben. Ganz offensichtlich wurde hier das Wissen noch von Generation zu Generation weitergegeben. Während der Weltkriege stieg der Gebrauch der Karten sprunghaft an, das Kartenlegen als Orakel, vielleicht getarnt als Skatspiel, wurde auch von Soldaten eingesetzt.

Vielleicht ist dies ein hervorstechendes Merkmal der Kipper-Wahrsagekarten: Die Menschen verwenden sie ohne Scheu und offensichtlich mit gutem Ergebnis. Schließlich gab es ja bisher so gut wie gar keine Literatur zu diesem Thema. Das umfangreichste Wissen über den Gebrauch habe ich von Menschen erworben, die diese Karten ohne jedes Bücherwissen oder irgendeine Schulung aus Familientradition heraus anwenden. Wer die Kipper-Wahrsagekarten mit diesem Hintergrund legt, tut dies für sich, für die Familie oder auch für Freunde. Die Kipper-Wahrsagekarten haben einen festen Platz im Volk als Orakel für den privaten Bereich, oder, bodenständiger ausgedrückt, für den Hausgebrauch. Ich lernte jedenfalls aus diesem Kreis niemanden kennen, der die Kipper-Wahrsagekarten von Berufs wegen, für Geld oder für Unbekannte befragte. Selbst die Vorstellung, solches zu tun, löste Befremden aus. Schade, übrigens, ich habe ganz ausgezeichnete Deutungen von solchen „Privatlegern" erlebt! Allerdings gibt es von diesen nicht mehr viele.

1996 schließlich gingen die Rechte der Karten an die Spielkartenfabrik Altenburg über, einem Tochterunternehmen der „Ravensburger Spiele". Altenburg ist ein Städtchen, in dem Karten eine große Rolle spielen, findet sich doch hier eine beachtenswerte Spielkartensammlung im Schloßmuseum. Die Bildmotive der Kipper-Wahrsagekarten sind, glücklicherweise, immer gleich geblieben, und an die Seitenvertauschung haben sich wohl mittlerweile alle gewöhnt! Nach wie vor sind die Kipper-Wahrsagekarten „Wahrsagekarten bester Art, womit jedermann sich selbst die Karten aufschlagen und in die Zukunft sehen kann".

Ein Jahrhundert Kipper-Wahrsagekarten

Das Kipper-Wahrsagekartendeck beinhaltet nur sieben soge-
nannte „schlechte" Karten. Wertet man „Trübe Gedanken" und
„Kurze Krankheit" nicht als negativ, sind es sogar nur fünf! Damit
übertrifft das Kipper-Orakel ein verwandtes Spiel, die ebenfalls
sehr beliebten Zigeuner-Wahrsagekarten*, bei dem es immerhin elf
schlechte Karten gibt. Um so zahlreicher sind die Personenkarten.
Zwölf Karten beschreiben das Berufsleben mit all seinen Möglichkeiten und Problemen und drei bis vier Karten sind eindeutig dem
Gefühlsleben, speziell der Liebe zuzuordnen. Wie bei den meisten
Orakelkarten können auch in diesem Deck die einzelnen Karten
mehrere Bedeutungen annehmen, beispielsweise kann der „Angenehme Brief" sich auf berufliche oder private Themen beziehen.

Was hat es nun mit diesen „schlechten " Karten auf sich? Sie
stellen die Probleme des Lebens dar, die zu meisternden Schwierigkeiten, die unerwarteten Hindernisse. Davon kann jeder Mensch
etwas erzählen, es gehört einfach zu unserem Dasein, an Wider-
ständen zu lernen und zu reifen. Interessant aber ist ja nun die Frage, wie all diese Widrigkeiten aufgelöst und umgewandelt werden
können. Hier liegt ja einer der wesentlichsten Gründe, warum sich
jemand die Karten legt oder ein anderes Orakel befragt.

Eine Legung mit Kipper-Wahrsagekarten vermittelt stets viele
Möglichkeiten, an eine Schwierigkeit heranzugehen, das liegt im
Konzept des Spiels.

Interessant sind auch die vielen Karten mit Themen aus dem
Alltag. Hier unterscheiden sich die Kipper-Wahrsagekarten von je-
dem anderen System, vielleicht mit Ausnahme der Großen
Lenormand-Karten. Das hat den Kipper-Wahrsagekarten ihren

---

*(Anne L. Biwer: Zigeuner-Wahrsagekarten)

dauerhaften Erfolg beschert. Susanne Kipper hatte nicht zuviel versprochen. Hiermit kann jedermann und jede Frau Karten legen und sie richtig deuten!

Und mutet es nicht eigentümlich an, wie ähnlich die politischen Verhältnisse zur Zeit der Entstehung unserer Karten waren? Eine Wiedervereinigung haben wir vor wenigen Jahren erlebt, ebenfalls eine Börsenhausse, der im Augenblick eine rechte Ernüchterung zum Thema Aktien folgt. Und das Berufsleben ist so aktuell wie damals, denn der größte Teil der Bevölkerung verdient seinen Unterhalt durch Arbeit, sei es am Arbeitsplatz oder in der Familie oder beides. Ebenfalls zeitlos sind alle Fragen der Liebe und des Privatlebens.

Hier nun einige Beispiele dazu, was sich im Verlauf von etwa einem Jahrhundert aus den Kipper-Wahrsagekarten alles lesen ließ.

Eine Frau mittleren Alters erzählte mir folgendes: „Mein Urgroßvater wurde in den ersten Weltkrieg eingezogen, und seine Mutter gab ihm diese Karten mit. Das war damals hier (Hessen) verbreitet, daran nahm keiner Anstoß. Wie das im Feld war, das weiß ich natürlich nicht. Wir waren immer Bauern und einfache Leute, von uns ist keiner zum Doktor gegangen, wir halfen uns mit dem, was so im Garten und auf der Wiese wächst. Zum Beispiel legten wir immer zerquetschte Wegerichblätter auf Wunden, dann heilten sie gut ab, obwohl man das heute für unmöglich halten würde, wegen der Infektion. Denn saubergemacht wurde da vorher nichts. ... Mein Urgroßvater wurde bös am Bein verwundet, er lag im Lazarett und bekam kein Penicillin, denn es war knapp und wurde an schlimmere Fälle verteilt. Dann war es ganz alle, und das Lazarett mußte verlegt werden. Das geschah alles im Sommer, eine rechte Qual war das. Der Transport kam ins Stocken, und sie lagerten in behelfsmäßigen Zelten auf der Wiese. Schließlich holte der Urgroßvater die Karten hervor, weil er verzweifelt war und Schmerzen hatte. Natürlich konnte er nur die Vier legen. Er hatte das Schlimmste erwartet, aber da kam das Gefängnis, der angenehme Brief, die kurze Krankheit und schließlich die Reise. Wie im Gefängnis fühlte er sich, das war einfach, den Brief bekam er bald, der war von seiner Mutter. Und da fiel ihm wieder ein, was sie zu Hause mit Wunden gemacht haben. Er schleppte sich hinaus und legte Wegerichblätter auf das entzündete Bein. Von da an ging es ihm von Tag zu Tag besser, und er hatte schon geglaubt, sein letztes Stündchen habe geschlagen. Danach bekam er Heimaturlaub. Diese Geschichte wurde uns Kindern immer wieder erzählt, wir haben sie sehr geliebt. Deshalb kenne ich auch die einzelnen Karten so genau."

Und dies erzählte mir eine pensionierte Lehrerin: „In meiner Familie (Bayern) war das Kartenlegen am Freitag üblich – eine unverheiratete Tante machte das – aber es war mir immer zuwider. Wie gesagt, ich lehnte es als Aberglaube und als altmodisch ab. Ich war insgesamt eine Außenseiterin, weil ich studieren wollte. Kurz nach dem zweiten Weltkrieg war das in abgelegenen Dörfern nicht gerade verbreitet. Ich wurde Volksschullehrerin und verließ so bald wie möglich die Enge meines Dorfes. Ich bin jahrzehntelang nur zu unvermeidlichen Familienfeiern dorthin gefahren. Ich bekam eine gute Stelle in einer Kleinstadt eines anderen Bundeslandes und arbeitete mich zur Konrektorin hoch. Irgendwann habe ich auch geheiratet, es war keineswegs eine stürmische Liebesheirat, wir waren beide schon in mittleren Jahren, und wollten nicht mehr allein sein. Ich bekam eine Tochter, für mich ein kleines Wunder, daß es in meinem Alter überhaupt noch geklappt hatte, und arbeitete immer weiter, keine einfache Zeit. Als meine Tochter fünfzehn war, erkrankte mein Mann an Krebs und starb einige Monate später. Das hat mich mitgenommen, und meine Tochter verhielt sich danach ziemlich schwierig. Sie ging früh aus dem Haus, was ich akzeptierte, hatte ich mich doch ähnlich verhalten. Nach all den angestrengten Jahren fiel mir die Decke auf den Kopf. Da wurde mein Vorgesetzter vorzeitig in den Ruhestand versetzt. Ich bewarb mich für die Stelle, und es war ein ziemlicher Schlag für mich, daß sie eine junge Frau von außerhalb nahmen. Als ich sie kennenlernte, fühlte ich sofort, daß es zwischen uns nicht gut gehen würde. Der frühere Direktor hatte mich alles erledigen lassen. Eltern und Kollegen wandten sich immer an mich, und die neue Direktorin stieß auf Ablehnung. Ich fühlte mich sicher, was ein Fehler war, denn nach einem Jahr hatte sie mich beim Schulamt angeschwärzt, die Kollegen auf ihre Seite gezogen und die Eltern wagten es nicht mehr, irgend etwas zu meinen Gunsten zu sagen. Man legte mir nahe, mich versetzen zu lassen, und das entzog mir den Boden unter den Füßen. Nach fast dreißig Jahren so behandelt zu werden, dazu die Einsamkeit, ich wußte nicht mehr weiter. Ich ließ mich krankschreiben und fuhr nach Hause. Ich muß sagen, es hat mich schon beschämt, wie herzlich ich aufgenommen wurde. Aber ich wußte trotzdem nicht mehr, was ich aus meinem Leben machen sollte. Schließlich kam die berühmte Tante an einem Freitag zu mir, und ich dachte, warum nicht. Ich hatte ja nichts mehr zu verlieren. Sie legte ziemlich viele Karten aus, fünf Reihen, die hatten alle eine Überschrift. Ich erinnere mich noch recht genau an diese Bilder. Ich wollte nur das Berufliche hören. Es war zuerst die „Gerichtsperson", dazu meinte die Tante, ich solle mich an einen unparteiischen Vorgesetzten wenden. Dann „Ein langer Weg", gefolgt von der „Eine Veränderung". Dazu sagte sie, ich würde mir nach einiger Zeit das mit der Versetzung doch durch den Kopf gehen lassen und es gut finden. Dann lagen da die Karten „Unverhofftes Geld" und „Zu hohen Ehren kommen", darin sah sie die Sicherheit, daß ich anderswo mehr geschätzt würde, wahrscheinlich als Direktorin auch mehr verdienen würde. Das hat mir Mut gemacht, und es ist wirklich so gekommen. Ich bin zum Schulrat und habe ihm alles erzählt, er hat es bedauert, mir aber angedeutet, die junge Direktorin hätte eben die besseren Beziehungen, er könne nichts gegen sie machen. Und ob ich nicht anderswo neu anfangen wollte. Und eines Tages rief mich meine Schwester an und sagte, in der örtlichen Schule ginge der Direktor fort, da habe ich mich darauf beworben. Alle waren froh über diese Lösung, einschließlich der jungen Konkurrentin. Ich mußte zwar noch ein Dreivierteljahr auf die Versetzung warten, aber das störte mich nicht mehr. In meiner eigenen Schule leistete ich als Direktorin gute Arbeit, ich wurde immer gelobt, und natürlich verdiente ich auch besser. Meine Tochter kam mich öfter besuchen, sie war stolz auf mich. Gut, daß ich durch all diese Umstände toleranter geworden war, denn sie interessierte sich sehr für Esoterik, und hat dann das Kartenlegen für die Familie übernommen, als die alte Tante nicht mehr konnte."

Nun die Geschichte eines ca. fünfunddreißigjährigen Mannes aus den neuen Bundesländern (Brandenburg): „Ob ich mich mit so etwas beschäftigt hätte, mit den Möglichkeiten, die andere junge Leute heute haben, das weiß ich nicht. Ich war ein Regimegegner, weniger aus politischen Gründen als vielmehr, weil es mich rasend machte, daß alles im Leben vorgeschrieben war. Außerdem konnte ich nie den Mund halten, ich war ein rebellischer Jugendlicher, und deshalb natürlich von jeder interessanten beruflichen Möglichkeit ausgeschlossen. Ich bewegte mich sozusagen in einer Unterwelt, und da hörte ich von einer Wahrsagerin, die im Grenzgebiet lebte. Mich interessierte mehr das Grenzgebiet als das Wahrsagen, denn damals sah ich nur zwei Möglichkeiten: zu fliehen oder als Regimegegner ins Gefängnis zu kommen und dann von der Bundesrepublik freigekauft zu werden. Letzteres war halt die schlechtere Möglichkeit. Ich machte also den Ausflug ins Grenzgebiet mit, das war allerstrengstens verboten. Wir wanderten bei Nacht, aber man wußte nie, wer einen da sah, es war ziemlich gefährlich. Ursprünglich wollten viele mit, aber am Ende waren wir nur zwei. Das Haus, in dem die Frau lebte, kam einem vor, wie aus einer anderen Zeit. Kein fließendes Wasser, und elektrisches Licht hat sie gar nicht angemacht, vielleicht hatte sie ja doch welches. Sie war von unbestimmbarem Alter, irgendwo zwischen sechzig und älter, wahrscheinlich älter. Sie hat diese Karten verwendet, ich erinnere mich ziemlich genau an die Bilder. Sie waren allerdings vollkommen verblichen. Man mußte mischen, abheben, und so weiter, alles nach bestimmten Regeln, dabei nicht sprechen und das Richtige denken. Sie hat sie in einem System ausgelegt, das sie das Alte Spiel nannte, ich könnte aber nicht mehr sagen, wie das aussah. So in etwa folgendes kam dabei heraus: Ich würde viel reisen, fast die ganze Welt sehen, aber die große Liebe meines Lebens erst spät kennenlernen. Ich fand das ziemlich unglaubwürdig, weil ich mich nur für Mädchen interessierte, alles andere war auch zu hoffnungslos. Und an die große Liebe glaubte ich schon mal gar nicht, außerdem sah ich mich eher im Gefängnis als sonstwo. Die Frau war recht nett, sie bekam wohl häufig solchen Besuch, da staunte ich schon. Sie nahm kein Geld, versteckte uns den Tag über und sprach uns Mut zu. Sie sagte, bald würde sich alles auf eine Weise ändern, die wir uns gar nicht vorstellen könnten, das wüßte sie aus ihren Karten, und wir sollten nicht fliehen oder andere Dummheiten machen. Darüber hatte ich nichts gesagt, das beeindruckte mich schon. Allerdings dachte ich mir später, das hätte sich ja auch jeder von uns beiden denken können, daß wir unzufrieden waren. Na ja, der Rest ist Geschichte. Ich war einer der ersten, die über die Grenze gingen, als der eiserne Vorhang fiel, ich glaubte damals an einen vorübergehenden Glücksfall und wollte ihn gleich nutzen. Seitdem reise ich durch die Welt. Irgendeine Arbeit finde ich immer, anderswo sogar leichter als in Deutschland, weil ich ja keine Ausbildung habe. Ich habe schon ziemlich viel gesehen, jetzt kommt Südamerika dran. Das ist schon das Leben, das mir Spaß macht. Vielleicht stimmt das mit der großen Liebe ja auch, im Augenblick bin ich nicht so daran interessiert."

Erfahrene Kartenlegerinnen oder Kartenleger können in der Legung eines Ratsuchenden auch große, übergeordnete Zusammenhänge erkennen, das ist eine immer wieder zu beobachtende Tatsache. Und nun zur Praxis!

Die Grundregeln des Kartenlegens

Die Regeln sind eigentlich für alle Kartensysteme gleich. Bei den Kipper-Wahrsagekarten gibt es jedoch einige Besonderheiten und Unterschiede zu anderen Wahrsagekarten. Das Deuten der Kipper-Wahrsagekarten erlernt sich schnell, dies ist ein Vorzug dieses liebenswertes Orakels, also werden sie auch bald Probleme in Angriff nehmen können.

Zunächst geht es um den zeitlichen Rahmen. Sie müssen sich keineswegs an die alte Regel halten, daß nur der Freitag sich zur Befragung des Orakels eignet. Schwer zu sagen, wie es zu dieser Tradition kam. Da dürften sich verschiedenste Strömungen mischen: Die Tatsache, daß der Freitag einer Göttin geweiht war, der Freya, mag ebenso hineinspielen, wie der christliche Karfreitag. Wichtig ist vielmehr, sich innerlich und äußerlich wirklich Ruhe zu verschaffen, um die Karten zu deuten. Das gilt für Anfänger genauso wie für Fortgeschrittene. Die meisten Fehler entstehen durch hastiges, ungenaues Arbeiten, denn nur, wenn man die Bilder unbefangen auf sich wirken lassen kann, werden die Zusammenhänge verständlich. Deshalb wählen Sie für den Anfang bitte auch einen Tag, an dem sie sich ausgeglichen fühlen, zum Üben ist das der beste Einstieg.

!!! Beachten Sie bitte, daß Sie niemals Karten legen oder deuten sollten, wenn Sie Fieber haben oder krank sind, gerade eine Zeitverschiebung erlebt haben oder Drogen und Medikamente eingenommen haben, die Einfluß auf das Bewußtsein nehmen. Auch Schmerzmittel oder ein Schock verändern Ihre Ausstrahlung, Ihr Gefühls- und Ihr Gedankenleben so, daß Sie nur negative Kartenaussagen erhalten, und die Legung oder die Deutung keinen Bezug zur Wirklichkeit haben. !!!

Das hier Hervorgehobene kann wirklich nicht oft genug betont werden! Gleichwohl gibt es mit den „Proben" bei den Kipper-Wahrsagekarten eine Methode, die für den Ernstfall besonders geeignet ist. Aber auch ein Kartenleger oder eine Kartenlegerin mit Erfahrung sollte darauf achten, daß weder Medikamente noch Rauschmittel ihn/sie beeinflussen. Immerhin haben wir in den Erzählungen über die Kipper-Wahrsagekarten ja auch das Beispiel des jungen Soldaten, der die Karten in seiner Not gebrauchte, aber das besondere dabei war, daß er eben keine Medikamente erhalten hatte! Sammeln Sie in aller Ruhe Ihre Erfahrungen mit dem Kartenorakel, und ich wünsche Ihnen, daß Sie niemals in eine Notlage kommen, die den Gebrauch der Proben unbedingt erforderlich macht.

Wichtig ist zunächst die Frage. Die kleine Legung der „Vier" zum Beispiel setzt eine klare Frage voraus. Ihr Anliegen schriftlich zu formulieren, macht ein kleines bißchen Mühe, zahlt sich aber aus, denn dann verstehen Sie die Antwort besser! Bei den Proben ist das natürlich nicht mehr nötig, da ist die Fragestellung klar. Wenn Sie sie verwenden, wollen sie nur noch eine Bestätigung oder genauere Ausführung des vorher gedeuteten Kartenbildes. Beginnen Sie nun die Karten zu mischen und denken Sie dabei konzentriert an die Frage. Legen Sie die Karten anschließend hin.
Wenn Sie sich in einer Situation befinden, die weitere Vorbereitungen unmöglich macht, heben Sie mit der linken Hand zweimal ab, so daß drei Kartenstöße unterschiedlicher Dicke entstehen, und fügen diese in umgekehrter Reihenfolge, also der letzte zuoberst, wieder zusammen. Auch dies geschieht mit der linken Hand. Diese wird beim Kartenlegen immer bevorzugt. Der traditionelle Grund lautet, daß das Herz auf der linken Seite schlägt und diese Hand deshalb wahrhaftiger mische. Eine Er-

kenntnis der modernen Hirnforschung ergänzt dies dahingehend, daß die linke Hand mehr den nonverbalen, bildhaften Denkprozessen zugeordnet ist.

Für den Anfang und immer dann, wenn Sie sich den ausführlichen Legemethoden widmen, werden die Karten nach dem Mischen auf einer glatten Fläche (großer Tisch oder Fußboden) verdeckt ausgebreitet, und dann so viele intuitiv herausgezogen, wie für die Legung notwendig sind. Auf diese Weise werden die Karten gewissermaßen ein zweites Mal gemischt, und das Ergebnis ist objektiver.

Eine Kartensitzung mit den Kipper-Wahrsagekarten besteht in der Tradition aus vielen Schritten und dauert daher auch recht lange. Zur Festlegung der zentralen Themen verwendet man die „Vier", dann legt man das „Alte Spiel", und zur Erläuterung der einzelnen Personen möglicherweise mehrmals die „Neun" oder ihre Erweiterung, das „Große Kreuz". Dann folgen ein oder zwei Proben. Die überlieferten Legemethoden haben nicht unbedingt phantasievolle Namen, aber sie werden durch klare Ergebnisse überzeugen! Zum Lernen oder wenn man sich einen Überblick über das Jahr verschaffen will, ist diese ausführliche Arbeit eine gute Vorgehensweise. Später werden Sie für Einzelfragen öfter die einzelnen Schritte herausgelöst auslegen.

Um den Jahreswechsel herum wird in den Dreizehn Heiligen Nächten (von Heiligabend bis Dreikönig) traditionellerweise ein Kreis ausgelegt, der das kommende Jahr darstellt. Wenn Sie für andere den Jahreskreis deuten wollen, vermeiden Sie, wie bei jeder Arbeit mit dem Kartenorakel, daß Dritte mithören! Kartenlegen ist eine sehr persönliche Arbeit, und selbst wenn der Fragesteller den Wunsch äußert, daß ein weiterer mithören soll, wäre es besser, dem nicht zu entsprechen. Die Verantwortung für den richtigen Ablauf der Sitzung liegt letzten Endes bei dem, der die Karten deutet! Meine Erfahrung ist, daß mehr Offenheit und Klarheit entsteht, wenn das Kartenlegen eine Sache zwischen dem Frage-steller und der deutenden Person bleibt.

Wie Sie aus den vorangegangenen Schilderungen entnehmen konnten, sind die Kipper-Wahrsagekarten eher im familiären oder privaten Rahmen verwendet worden. Losgelöst von dieser Tradition haben sich auch einige durchaus namhafte, professionelle Deuterinnen von den Kipper-Wahrsagekarten inspirieren lassen und eigene, meist sehr komplizierte Legesysteme entwickelt oder auch die Karten mit eigenen Bedeutungen versehen. Dies alles ist für Anfänger zunächst undurchschaubar. Mit diesem Buch werden Sie sich aber sehr bald selbst mit den Karten Ihre Fragen beant-worten können. Die Bedeutungen der Karten sind hier ebenso leicht verständlich dargestellt wie die überlieferten Legemethoden

Sicher muß jeder für sich die Entscheidung treffen, ob und in welchem Rahmen er anderen Menschen die Karten legen will. Be-herzigen Sie als Anfänger zunächst nur die eine Grundregel: Deu-ten Sie keinem Menschen die Kipper-Wahrsagekarten, der Ihnen unsympathisch ist!

Die Karten

Im folgenden wird nun jede Karte einzeln beschrieben. Lesen Sie den Text zunächst einmal aufmerksam durch. Wenn Sie dann zu den Legungen übergehen, erkennen Sie die Karten bereits, vielleicht fällt Ihnen zur Deutung dann schon etwas ein. Die Karten sind mit Zahlen versehen und werden hier in der Reihenfolge der Numerierung vorgestellt. Eine Wertung ist durch die Numerierung nicht ausgedrückt, zumindest nicht durchgehend. Immerhin finden sich innerhalb der ersten sechs Karten die wichtigsten Personenkarten, sowie die Ehestandskarte und die Karte Zusammenkunft, da scheint bei der Konzeption der Karten durchaus eine hohe Wertigkeit vorgelegen zu haben.

Es gibt bei den Kipper-Wahrsagekarten bemerkenswert wenig „schlechte" Karten, aber durch die rosarote Brille wird trotzdem nicht geschaut. Im ältesten Anleitungsbüchlein zu den Karten heißt es kategorisch, daß alles, was sich im Rücken der Hauptpersonenkarte befindet, negativ zu werten sei. Also auch erfreuliche Ereignisse treten nicht ein, oder haben einen Störfaktor. Im Laufe der Zeit scheint die Deutung aber mildere Umstände festgestellt zu haben, auch bei schlechten Karten, wenn diese vor der Personenkarte liegen. Ein freundlicher Erfahrungswert!

Die Deutung von Kartenkombinationen wird also entscheidend von der Lage beeinflußt, dies wird bei den ersten beiden Karten ausführlich dargestellt. Vorschläge zum Verständnis von beieinander liegenden Karten sind als Hilfe gedacht. Solche Kombinationsdeutungen sind aus der Erfahrung vieler Menschen entstanden, die mit den Kipper-Wahrsagekarten gearbeitet haben.

Sie finden in diesem Buch eine umfassende Zusammenstellung aus der Praxis des Kartenlegens mit den Kipper-Wahrsagekarten, die ich im Laufe meiner Nachforschungen gesammelt habe. Aber jeden Tag können neue Möglichkeiten entstehen. Es lohnt sich, von den persönlichen Legungen einige Notizen zu machen. Bald werden Sie nämlich persönliche Kombinationen entdecken, da kann „Diebstahl" sich zum Beispiel auf eine Person beziehen, die Ihnen die Zeit stiehlt, während es sich beim Nachbarn um Sohn oder Tochter handelt, die ihm das Geld aus der Tasche ziehen.

Auch Nähe und Entfernung zur Hauptpersonenkarte muß in Betracht gezogen werden. Allgemein gilt: Je weiter eine Karte von der Personenkarte entfernt liegt, um so länger dauert es, bis das dargestellte Ereignis eintritt, beziehungsweise, um so unwahrscheinlicher wird es. Das läßt sich natürlich nur in einem größeren Legesystem einüben und beobachten. Deshalb ist es ebenfalls gut, sich eine Legung aufzuschreiben und von Zeit zu Zeit noch einmal anzuschauen. Die Wirklichkeit bietet die objektivste Kontrollmöglichkeit beim Kartenorakel!

Bei all dem ist verbissener Ernst nicht angesagt. Hier handelt es sich um ein Wahrsagespiel der Küchenschubladen und Neujahrsnächte, der kichernden jungen Mädchen und der abenteuerlustigen Burschen! Spielen Sie mit den Kipper-Wahrsagekarten, denn eine kreative Grundhaltung bringt das beste Ergebnis! Früher oder später kommt dann mit Sicherheit der Tag, an dem Sie sich, wie viele Menschen vor Ihnen, Rat und Trost auch in einer schweren Lebenslage aus diesen kleinen Karten holen können.

Es folgt nun noch eine Einteilung der Karten nach Grundbegriffen, die Ihnen vor allem bei der Auslegung großer Legungen helfen wird. Viele der Motive sind zum Beispiel als Personenkarte zu deuten, auch wenn Sie sonst ein anderes Thema darstellen. Es handelt sich hier um Erfahrungswerte aus vielen Jahrzehnten, die Sie hier zum ersten Mal schriftlich festgehalten finden. Vor allem für den Anfänger ist diese Einteilung der Karten nach Themen eine wertvolle Orientierungshilfe. Aber scheuen Sie sich auch nicht, mit wachsender Erfahrung immer wieder einmal hier nachzuschlagen!

Es wird Ihnen bei Unsicherheiten weiterhelfen. Sie finden diese Themenzuteilung bei der Beschreibung der einzelnen Karte noch ausführlicher erläutert.

1. Glückskarten
Geschenk bekommen, Großes Glück

2. Personenkarten
- *Personenkarten, weiblich:*
  Hauptperson (weiblich), Gute Dame, Falsche Person, Reiches Mädchen, Traurige Nachricht, Erwartung, Kurze Krankheit
- *Personenkarten, männlich:*
  Hauptperson (männlich), Guter Herr, Reicher guter Herr, Seine Gedanken, Militärperson, Diebstahl, Unverhofftes Geld, Gerichtsperson, Kurze Krankheit, Kummer und Widerwärtigkeiten, Trübe Gedanken, Arbeit/Beschäftigung
- *Personenkarte, beide Geschlechter möglich:*
  Falsche Person, Seine Gedanken, Militärperson, Diebstahl, Gerichtsperson, Kurze Krankheit, Trübe Gedanken, Arbeit/Beschäftigung
- *Kinder:*
  Geschenk bekommen, Ein kleines Kind
- *Jugendliche oder junge Erwachsene:*
  Falsche Person, Reiches Mädchen, Reicher guter Herr, Militärperson

3. Partnerschaft und Liebe
Ehestandskarte, Zusammenkunft, Reiches Mädchen, Reicher guter Herr, Guter Ausgang in der Liebe, Großes Glück, Die Hoffnung/Großes Wasser

4. Familie

Guter Herr, Gute Dame, Ehestandskarte, Zusammenkunft,
Reiches Mädchen, Reicher guter Herr, Ein kleines Kind,
Wohnzimmer, Haus

5. Geld

Viel Geld gewinnen, Reiches Mädchen, Reicher guter Herr,
Geschenk bekommen, Unverhofftes Geld, Großes Glück

6. Immobilien

Haus, Wohnzimmer, Gericht, Zu hohen Ehren kommen,
Gefängnis

7. Beruf

Zu hohen Ehren kommen, Arbeit/Beschäftigung

8. Nachrichten

Der angenehme Brief, Traurige Nachricht, Geschenk bekommen, Zu hohen Ehren kommen, Unverhofftes Geld, Gericht,
Gerichtsperson

9. Ereignisse

Ehestandskarte, Zusammenkunft, Eine Veränderung, Eine
Reise, Traurige Nachricht, Geschenk bekommen, Ein Todes-
fall, Gericht, Diebstahl, Zu hohen Ehren kommen, Großes
Glück, Kummer und Widerwärtigkeiten

10. Fortbewegung

Eine Veränderung, Eine Reise, Großes Glück, Ein langer Weg,
Die Hoffnung/Großes Wasser

11. Behörden

Viel Geld gewinnen, Militärperson, Gericht, Zu hohen Ehren kommen, Unverhofftes Geld, Gefängnis, Gerichtsperson

12. Zeitkarten

Eine Veränderung, Seine Gedanken, Ein kleines Kind, Ein Todesfall, Haus, Wohnzimmer, Erwartung, Gefängnis, Ein langer Weg

13. Gesundheit

Seine Gedanken, Ein Todesfall, Traurige Nachricht, Trübe Gedanken

14. Problemkarten

Falsche Person, Ein Todesfall, Diebstahl, Gefängnis, Kurze Krankheit, Kummer und Widerwärtigkeiten, Trübe Gedanken

15. Tiere

Eine Veränderung, Guter Ausgang in der Liebe, Ein kleines Kind

16. Pflanzen

Angenehmer Brief, Eine Reise, Wohnzimmer, Zu hohen Ehren kommen, Arbeit/Beschäftigung, Ein langer Weg

17. Geistige Entwicklung

Die Hoffnung/Großes Wasser

Nr. 1 und 2

HAUPTPERSON MÄNNLICH &

HAUPTPERSON WEIBLICH

Personenkarte

Die fragende Person, der Partner oder die Partnerin der fragenden Person

Allgemein

Diese beiden Karten und ihre Lage bestimmen die Deutung jedes Legesystems! Es gibt zwei Legungen, bei denen die Personenkarte von vornehrein im Zentrum plaziert wird, die Partnerkarte bleibt beweglich. Die Lage der Hauptpersonenkarten zueinander sagt etwas über die Beziehung aus. Wenn sie nah beieinander liegen, ist diese intensiv, bei größerem Abstand wahrscheinlich zur Zeit nicht so innig. Liegt die eine Personenkarte über der anderen, dominiert die obenauf liegende Person ihren unten liegenden Partner. Vorsicht, wenn die Partnerkarte im Rücken der Hauptperson liegt, da hat die Liebe gerade einen Tiefpunkt erreicht!

Wegen der Besonderheit in Bezug auf die Lage werden die Kombinationen mit den Hauptpersonenkarten bei den einzelnen Karten nicht wiederholt. Schlagen Sie also stets hier nach, wenn Sie etwas über die Verbindung zwischen Personenkarte und anderen Motiven wissen möchten. Ereignisse treten um so schneller

35

oder wahrscheinlicher ein, je näher die entsprechenden Karten bei den Hauptpersonenkarten liegen. Umgekehrt gilt entsprechend: Je weiter entfernt eine Karte liegt, desto unsicherer ist, ob das Erwartete geschieht, und desto länger dauert es, bis es geschieht.

Liebe, Beziehung zu anderen Menschen

Die männliche oder weibliche Hauptpersonenkarte stellt immer den festen Partner dar, also im Fall einer Ehe mit Nebenbeziehungen (wie zur wilhelminischen Zeit durchaus üblich) den Ehepartner.

Beruf und Besitz

Wird durch die Hauptpersonenkarten nicht dargestellt.

Vor der Karte, hinter der Karte

Was im Rücken der Hauptpersonenkarten liegt, ist stets mit Problemen verbunden, auch wenn es sich um gute Karten handelt. Je weniger Karten im Rücken liegen, desto besser! Fällt die Personenkarte so, daß sich alle Karten in ihrem Rücken befinden, mischen Sie erneut, oder, noch besser, wiederholen Sie die Sitzung zu einem späteren Zeitpunkt.

Was vor der Personenkarte liegt, geht gut aus, selbst wenn es sich um ein größeres Problem handeln sollte.

Vor der Hauptpersonenkarte liegt ...

Ehestandskarte	→ Heirat, enge Partnerschaft; die Beziehung festigt sich.
Zusammenkunft	→ Gesellschaftliche Ereignisse, Geselligkeit
Guter Herr	→ Älterer Freund, hilfreicher Verwandter, gute Neuigkeiten

Gute Dame	→ Mutter, Freundin, Freude
Angenehmer Brief	→ Rege Kommunikation; schriftliche Angelegenheiten verlaufen günstig.
Falsche Person	→ Feinde werden nichts erreichen
Eine Veränderung	→ Was jetzt in Angriff genommen wird, gelingt.
Eine Reise	→ Etwas Neues beginnen; Reisen bringen Glück.
Viel Geld gewinnen	→ Reichtum ohne Mühe
Reiches Mädchen	→ Glücksfälle, Tochter, Geliebte
Reicher guter Herr	→ Geldgeschäfte gelingen, Geliebter
Traurige Nachricht	→ Die Nachricht ist nicht so schlecht, wie sie scheint!
Guter Ausgang in der Liebe → alle Hoffnungen erfüllen sich
Seine Gedanken	→ Die positiven Gedanken der Hauptpersonenkarte nehmen Form an.
Geschenk bekommen → Glückskarte!
Ein kleines Kind	→ Kind, Kindersegen, wenn gewünscht: Neubeginn
Ein Todesfall	→ Guter Abschluß, Befreiung
Haus	→ Besitz, Wohnung, Haus
Wohnzimmer	→ Erfreuliche Nähe; das erhoffte Ereignis trifft bald ein.
Militärperson	→ Angelegenheiten mit Behörden, Ämtern, Vorgesetzten regeln sich gut.
Gericht	→ Der Hauptperson widerfährt Gerechtigkeit.
Diebstahl	→ Etwas Unangenehmes verschwindet aus dem Leben.
Zu hohen Ehren kommen →Beruflicher Erfolg
Großes Glück	→ Glückskarte!

Unverhofftes Geld	→ Wachsender Wohlstand
Erwartung	→ Alle Erwartungen erfüllen sich.
Gefängnis	→ Eine einengende Situation löst sich auf.
Gerichtsperson	→ Hilfe durch Juristen oder Amtsperson ist nötig.
Kurze Krankheit	→ Genesung
Kummer und Widerwärtigkeiten	→ Neue Chance
Trübe Gedanken	→ Heimlichkeiten
Arbeit/Beschäftigung	→ Befriedigende Tätigkeit
Ein langer Weg	→ Langsame Entwicklung hin zum Gewünschten
Die Hoffnung/Großes Wasser	→ In Verbindung mit einer Glückskarte: großer Reichtum oder was immer ersehnt wird.

Hinter der Hauptpersonenkarte liegt ...

Ehestandskarte	→ Große Probleme in der Ehe, Trennung
Zusammenkunft	→ Mißglücktes Fest, gesellschaftliche Verpflichtungen
Guter Herr	→ Fragwürdiger Freund, schwieriger Verwandter, schlechte Neuigkeiten
Gute Dame	→ Probleme mit der Mutter, fragwürdige Freundin, Verdruß
Angenehmer Brief	→ Rege Kommunikation; schriftliche Angelegenheiten verlaufen ungünstig.
Falsche Person	→ Feinde werden gefährlich.
Eine Veränderung	→ Keine neuen Projekte starten!
Eine Reise	→ Schwieriger Neubeginn; Reisen bringen Probleme.
Viel Geld gewinnen	→ Erheblicher Geldverlust droht, Vorsicht!
Reiches Mädchen	→ Tochter; oder: Geliebte zerstört die Ehe.

Reicher guter Herr → Geldgeschäfte besser unterlassen; Geliebter zerstört die Ehe.

Traurige Nachricht → Die schlechte Botschaft ist sehr ernst zu nehmen.

Guter Ausgang in der Liebe → Alle Hoffnungen zerschlagen sich.

Seine Gedanken → Unbedingt am positiven Denken festhalten!

Geschenk bekommen → Glückskarte! (Auch hinter der Personenkarte, allerdings abgeschwächt)

Ein kleines Kind → Probleme mit dem Kind, keine Schwangerschaft, Neubeginn verzögert sich

Ein Todesfall → Tod, ein schlechter Abschluß, eine schwierige Situation

Haus → Besitz, Wohnung, Haus muß gehütet werden.

Wohnzimmer → Eingeengt sein; das gefürchtete Ereignis trifft bald ein.

Militärperson → Angelegenheiten mit Behörden, Ämtern, Vorgesetzten aufmerksam verfolgen

Gericht → Der Hauptperson widerfährt Gerechtigkeit.

Diebstahl → Verlust

Zu hohen Ehren kommen → Vorübergehender beruflicher Erfolg

Großes Glück → Glückskarte! (Auch hinter der Personenkarte)

Unverhofftes Geld → Unerwartete Ausgaben

Erwartung → Abwarten bringt nichts.

Gefängnis → Eine beengende Situation

Gerichtsperson → Vorsicht im Umgang mit Juristen oder Amtspersonen!

Kurze Krankheit → Schmerzen, Infektion, Verletzung

Kummer und Widerwärtigkeiten → Mit Schwierigkeiten ist zu rechnen.

Trübe Gedanken → Depression
Arbeit/Beschäftigung → Viel Mühe bei der Arbeit
Ein langer Weg → Lange Durststrecke; mit Geduld wird es wieder besser.
Die Hoffnung/Großes Wasser → Gute Aussichten; bald wird es besser.

Nr. 3

EHESTANDSKARTE

Personenkarte
Ein Paar, eine Familie

Liebeskarte
Hochzeit, eine feste Beziehung einge-
hen

Ereigniskarte
Hochzeitsfeier

Allgemein
Miteinander verbunden sein, ohne seine Eigenständigkeit auf-
zugeben, so ließe sich der Zustand beschreiben, den diese Karte
darstellt. Es geht im Augenblick alles besser, wenn Sie es mit anderen Menschen gemeinsam tun.

Liebe, Beziehung zu anderen Menschen
Eine Beziehung festigt sich im Rahmen selbstgewählter Regeln
wie etwa Heirat oder Zusammenziehen. Dadurch entsteht Raum
für Neues, das Zusammenleben bleibt fruchtbar. Sollten Sie zur
Zeit allein sein, steht eine neue Partnerschaft bevor.

Beruf, Besitz
Wenn alle Familienmitglieder harmonisch zusammenwirken,
entsteht Reichtum, denn nichts kostet so viel Geld wie Mißverständnisse. Am Arbeitsplatz sollte Teamarbeit bevorzugt werden.
Suchen Sie sich als Selbständiger einen Partner, vielleicht fusionie-

ren zwei Firmen, oder es geht um Mitarbeit in einem Familienbetrieb.

„Ehestandskarte" in Kombination mit ...

Zusammenkunft	→ Größere Gemeinschaft wie z.B. Verein, geschäftlicher Zusammenschluß
Guter Herr	→ Vater, der Geliebte der Ehefrau oder ihre Jugendliebe
Gute Dame	→ Mutter, möglicherweise Geliebte des Ehemannes
Angenehmer Brief	→ Familienneuigkeiten
Falsche Person	→ Eine dritte Person gefährdet die Ehe.
Eine Veränderung	→ Veränderungen in der Ehe oder Partnerschaft sollten begrüßt werden.
Eine Reise	→ Hochzeitsreise, Geschäftsreise mit Vertragsabschluß
Viel Geld gewinnen	→ Das Geld vermehrt sich durch gemeinsame Kassenführung.
Reiches Mädchen	→ Glückliches Familienleben
Reicher guter Herr	→ Neue Möglichkeiten in der Ehe oder in der Partnerschaft
Traurige Nachricht	→ Kummer kündigt sich an, er kommt allerdings von außen und ist nicht in der Ehe begründet.
Guter Ausgang in der Liebe	→ eine glückliche Ehe oder Beziehung
Seine Gedanken	→ Die Ehe oder Partnerschaft wird hinterfragt.
Geschenk bekommen	→ Glückskarte! Glücksfälle aller Art für die Ehe oder Familie
Ein kleines Kind	→ Schwangerschaft, Kindersegen

Ein Todesfall	→ Ende der Beziehung
Haus	→ Häuslichkeit, Familienleben
Wohnzimmer	→ Intimität; die angekündigten Ereignisse treten bald ein.
Militärperson	→ Standesamtliche Trauung, Standesamt
Gericht	→ Scheidung, Unannehmlichkeiten amtlicher Art für die Familie
Diebstahl	→ Verlust entweder des Partners selbst oder seiner Liebe
Zu hohen Ehren kommen	→ gesellschaftlicher Aufstieg durch Ehe oder Partnerschaft
Großes Glück	→ Glückskarte! Die große Liebe
Unverhofftes Geld	→ Zahlungen wie Steuererklärung, Kindergeld, Sozialhilfe etc.
Erwartung	→ Eheschließung läßt auf sich warten
Gefängnis	→ Einengende Ehe oder Beziehung
Gerichtsperson	→ Ehevertrag oder Vertragsabschluß
Kurze Krankheit	→ Trübung der Beziehung oder ungewollte Trennung
Kummer und Widerwärtigkeiten	→ Sehr unglückliche Ehe
Trübe Gedanken	→ Tote Beziehung, krankmachende Ehe
Arbeit/Beschäftigung	→ Entweder Familienunternehmen oder mühsam aufrechterhaltene Ehe
Ein langer Weg	→ Liebesglück oder Ehe läßt auf sich warten bzw. bleibt erhalten.
Die Hoffnung/Großes Wasser	→ Hochzeit oder Liebe in Aussicht

Nr. 4

ZUSAMMENKUNFT

Personenkarte
Eine Gruppe von Menschen

Liebeskarte
Verabredung

Familienkarte
Große Familie

Ereigniskarte
Fest, Gesellschaft

Allgemein

Viele Begegnungen kommen auf Sie zu, neue Bekanntschaften werden geschlossen und alte Freunde melden sich wieder. Einladungen zu Festen oder vielerlei Möglichkeit zu geselligen Veranstaltungen folgen einander. Leisten Sie dieser Strömung keinen Widerstand, Sie brauchen im Augenblick die Anregung.

Liebe, Beziehung zu anderen Menschen

Sie werden sich in nächster Zeit sicherlich nicht einsam fühlen. Zu Begegnungen mit Freunden, Verwandten und Kollegen kommt bestimmt noch der eine oder andere Flirt. Gehen Sie diesen interessanten Verabredungen nicht aus dem Weg, aber meiden Sie im Augenblick, sich übereilt zu binden.

Beruf, Besitz

Meetings und Präsentationen; Geschäftsessen, Verkaufstermine und Teamabsprachen: Es geht ziemlich lebhaft zu am Arbeitsplatz! Allen Kunden sollte jetzt besondere Aufmerksamkeit geschenkt werden, es zahlt sich aus!

„Zusammenkunft" in Kombination mit ...

Ehestandskarte	→ Größere Gemeinschaft wie z.B. Verein, geschäftlicher Zusammenschluß
Guter Herr	→ Verabredung mit einem Mann, Herrengesellschaft
Gute Dame	→ Verabredung mit einer Frau, Damengesellschaft
Angenehmer Brief	→ Einladung, schriftlich, per Email, Telefon oder auf anderem Wege
Falsche Person	→ Schlechter Umgang
Eine Veränderung	→ Der Bekannten- und Freundeskreis verändert sich.
Eine Reise	→ Reisegesellschaft oder Reisebekanntschaften
Viel Geld gewinnen	→ Umsatzsteigerung durch Teamarbeit oder neue Kontakte
Reiches Mädchen	→ Familientreffen, Besuch der Tochter
Reicher guter Herr	→ Finanzielle Besprechung, Besuch des Sohnes
Traurige Nachricht	→ Eine Gesellschaft oder eine Verabredung wird abgesagt.
Guter Ausgang in der Liebe	→ Einen neuen Partner kennenlernen
Seine Gedanken	→ Eine Gesellschaft wird kritisch betrachtet.
Geschenk bekommen	→ Mitbringsel, Gastgeschenke

Ein kleines Kind	→ Kindergesellschaft, neue Leute kennenlernen
Ein Todesfall	→ Trauergesellschaft, eine triste Gemeinschaft
Haus	→ Familienfeier
Wohnzimmer	→ Kleinere Feier; bald kommt eine gesellige Zeit.
Militärperson	→ Verabredung mit einem „uniformierten" Menschen, z.B. Polizist, Briefträger, Krankenpfleger etc.
Gericht	→ Termin bei einem Amt oder einer juristischen Behörde
Diebstahl	→ Eine Gesellschaft, die Zeit, Geld und Mühe kostet.
Zu hohen Ehren kommen	→ Erfolgreiches berufliches Treffen
Großes Glück	→ Glückskarte! Alle Kontakte zu anderen Menschen bringen Glück.
Unverhofftes Geld	→ Andere Menschen verhelfen zu einer kleinen Geldsumme.
Erwartung	→ Einem gesellschaftlichen Ereignis entgegenfiebern
Gefängnis	→ Zwang durch gesellschaftliche Konvention
Gerichtsperson	→ Treffen mit einem im Büro tätigen Menschen
Kurze Krankheit	→ Krankenbesuch oder auch Ansteckung bei einem geselligen Anlaß
Kummer und Widerwärtigkeiten	→ Ärger oder Kummer mit Freunden oder Bekannten
Trübe Gedanken	→ Vereinsamung durch depressive oder negative Gedanken
Arbeit/Beschäftigung	→ Teamarbeit, Vorbereitung einer größeren Feier

Ein langer Weg → Das ersehnte Treffen wird wahrscheinlich nicht stattfinden.

Die Hoffnung/Großes Wasser → Ein freudiges Wiedersehen ist in Aussicht.

Nr. 5

GUTER HERR

Personenkarte
Vater, ein älterer Verwandter, ein hilfreicher Freund, der Geliebte, der Chef

Familienkarte
Vater

Allgemein
Der Gute Herr und die Gute Dame sind Eigenheiten der Kipper-Wahrsagekarten. Sie sind beide als wichtige Personenkarten zu betrachten. Der Gute Herr ist ziemlich mächtig und sein Einfluß darf nicht übersehen werden, Autorität und Kraft zeichnen ihn aus. Je nach Lage im ausgelegten System kann es sich auch um die Eigenschaften einer Hauptpersonenkarte handeln. Diese Karte gilt aber auch für Neuigkeiten, denen besondere Bedeutung beizumessen ist.

Liebe, Beziehung zu anderen Menschen
Zum Guten Herrn werden Sie eine vertrauensvolle Beziehung haben, denn er verkörpert all das, was wir von einem weisen, gütigen und verständnisvollen Vater erwarten. Ob als Verwandter oder Freund, der Umgang mit ihm ist immer ein Gewinn.

Ist die Ehe einer Frau zerrüttet oder aus Vernunftgründen geschlossen worden (wie früher üblich), stellt der Gute Herr den Geliebten der weiblichen Hauptperson dar. Dann allerdings sind Konflikte, beispielsweise mit der männlichen Hauptperson, nicht ausgeschlossen.

Beruf, Besitz

Der Gute Herr ist der ideale Chef. Wer unter ihm arbeitet, wird gefördert, unterstützt und beschützt. Auch als Vater kann der Fragende sich seiner materiellen Hilfe immer sicher sein, ob in Form finanzieller Unterstützung oder als Arbeitseinsatz. Wer den Guten Herrn zum Freund hat, kann sich immer wieder über kleine Geschenke oder hilfreiche Tips freuen.

„Guter Herr" in Kombination mit ...

Ehestandskarte	→ Vater, Geliebter der Ehefrau oder ihre Jugendliebe
Zusammenkunft	→ Verabredung mit einem Mann, Herrengesellschaft
Gute Dame	→ Die Eltern, ein älteres, gütiges Ehepaar
Angenehmer Brief	→ Einladung zu einer offiziellen Feierlichkeit
Falsche Person	→ Ein gefährlicher Feind
Eine Veränderung	→ Veränderung kommt durch einen bedeutenden Mann.
Eine Reise	→ Besuch des Vaters oder eines bedeutenden Herrn
Viel Geld gewinnen	→ Gehaltserhöhung durch den Chef oder Geldgeschenk des Vaters
Reiches Mädchen	→ Höhere Gesellschaftskreise, Prominenz
Reicher guter Herr	→ Ein wichtiger Kunde oder Verhandlungspartner
Traurige Nachricht	→ Eine schlechte Nachricht (finanziell oder beruflich), die sehr ernst genommen werden muß.
Guter Ausgang in der Liebe	→ Eine intensive, aber schwierige Liebesbeziehung

Seine Gedanken	→ Beweggründe des Chefs, Vaters oder Geliebten
Geschenk bekommen	→ Ein nicht ganz uneigennütziges Geschenk
Ein kleines Kind	→ Neuer Chef, aber auch schwanger vom Geliebten
Ein Todesfall	→ Verlust des Vaters, Freundes oder Chefs
Haus	→ Unter dem Einfluß des Vaters stehen
Wohnzimmer	→ In Kürze ein neuer Liebhaber oder ein neuer Chef
Militärperson	→ Ein hochgestellter Mann in Berufskleidung
Gericht	→ Politiker
Diebstahl	→ Mißgeschick, das schwer zu verhindern ist
Zu hohen Ehren kommen	→ Beförderung, hohe Position
Großes Glück	→ Erfolgreiche Begegnung mit einer wichtigen Persönlichkeit
Unverhofftes Geld	→ Eine unerwartete Prämie oder Zahlung
Erwartung	→ Hilfe von einem mächtigen Herrn erhoffen
Gefängnis	→ Von einem autoritären Mann oder vom Vater unterdrückt werden
Gerichtsperson	→ Jurist, Politiker
Kurze Krankheit	→ Arzt, medizinisch tätiger Mann
Kummer und Widerwärtigkeiten	→ Vorübergehender Ärger mit Vorgesetzten und Familienmitgliedern, unbegründeter Liebeskummer (Mißverständnisse können geklärt werden)
Trübe Gedanken	→ Sorgen wegen einem Vorgesetzten oder einer Behörde
Arbeit/Beschäftigung	→ Arbeit für einen Vorgesetzten
Ein langer Weg	→ Ein schwer erreichbares Ziel
Die Hoffnung/Großes Wasser	→ Geistlicher, spiritueller Mann

Nr. 6

GUTE DAME

Personenkarte

Mutter, Verwandte, Freundin, Geliebte, Chefin

Familienkarte

Mutter

Allgemein

Der Gute Herr und die Gute Dame sind Eigenheiten der Kipper-Wahrsagekarten. Sie sind beide als wichtige Personenkarten zu betrachten. Der Einfluß der Guten Dame mag zwar aus dem Hintergrund wirken, ist dadurch aber um so stärker. Wie ein Mensch sein Leben lang von der Beziehung zur Mutter geprägt wird, vielleicht sogar, ohne sich dessen bewußt zu werden, so beeinflußt die Gute Dame das Leben der Hauptpersonenkarte. Die Gute Dame bedeutet auch „Freude", ist also grundsätzlich positiv.

Liebe, Beziehung zu anderen Menschen

Die Gute Dame ist die Mutter oder die beste Freundin, die geliebte Großmutter oder die verehrte Tante, kurz eine Vertrauensperson, die durch ihre Liebe und Fürsorge stärkt und unterstützt. Sie kann auch die feste Freundin oder langjährige Geliebte darstellen.

Beruf, Besitz

Die Gute Dame ist die ideale Vorgesetzte, sie legt Wert auf Teamarbeit und läßt jeden zu seinem Recht kommen. Unter ihrer Leitung zu arbeiten, bringt der Firma und dem einzelnen Mitarbeiter Gewinn. Als Verwandte und Mutter ist sie großzügig und stets hilfsbereit.

„Gute Dame" in Kombination mit ...

Ehestandskarte	→ Mutter, möglicherweise Geliebte des Ehemannes
Zusammenkunft	→ Verabredung mit einer Frau, Damengesellschaft
Guter Herr	→ Die Eltern, ein älteres, gütiges Ehepaar
Angenehmer Brief	→ Erfreuliche Nachricht
Falsche Person	→ Emotionale Verletzung durch eine feindlich gesinnte Person
Eine Veränderung	→ Veränderung naht durch eine wichtige Frau.
Eine Reise	→ Besuch der Mutter/Freundin/Geliebten
Viel Geld gewinnen	→ Geldzuwendung von einer mütterlichen Frau
Reiches Mädchen	→ Mächtige, wohlhabende Frau
Reicher guter Herr	→ Kundin, Verhandlung mit einer Frau
Traurige Nachricht	→ Nachricht, die Kummer verursacht
Guter Ausgang in der Liebe	→ Glückliche Liebesbeziehung (keine Ehe)
Seine Gedanken	→ Gedanken der Mutter/Freundin/Chefin/ Geliebten
Geschenk bekommen	→ Sich in der mütterlichen Liebe geborgen fühlen
Ein kleines Kind	→ Mutter und Kind
Ein Todesfall	→ Verlust der Mutter/Freundin/Chefin/ Geliebten
Haus	→ Die Mutter als Zentrum des Familienlebens, Hausfrau

Wohnzimmer	→ Baldige Begegnung mit einer neuen Geliebten oder einer neuen Chefin
Militärperson	→ Hochgestellte Frau in Berufskleidung
Gericht	→ Politikerin
Diebstahl	→ Ein schwerer Schlag (seelisch)
Zu hohen Ehren kommen	→ Förderung durch eine mächtige Frau
Großes Glück	→ Glück durch die Mutter/Freundin/ Geliebte/Chefin/eine mütterliche Frau
Unverhofftes Geld	→ Geldgeschenk
Erwartung	→ Das zu Erwartende ist abhängig von der Mutter
Gefängnis	→ Von einer besitzergreifenden Frau oder Mutter unterdrückt werden
Gerichtsperson	→ Juristin, Politikerin
Kurze Krankheit	→ Ärztin, Krankenschwester
Kummer und Widerwärtigkeiten	→ Vorübergehende Probleme mit der Mutter, unbegründeter Liebeskummer (Mißverständnisse können geklärt werden)
Trübe Gedanken	→ Seelische Erkrankung durch Mangel in der Kindheit
Arbeit/Beschäftigung	→ Berufstätige Frau
Ein langer Weg	→ Hinderliche Gefühle
Die Hoffnung/Großes Wasser	→ Nonne, Geistliche, spirituelle Frau

Nr. 7

ANGENEHMER BRIEF

Nachrichtenkarte

Gute Nachricht: mündlich, schriftlich, per Email, Telefon/SMS, Fax etc.

Pflanzenkarte

Schnittblumen

Allgemein

Der angenehme Brief bedeutet zunächst immer eine gute Nachricht. Schlechte Nachbarkarten können allerdings auch auf eine problematische Mitteilung hinweisen. Schriftliche Angelegenheiten sind jetzt gut zu erledigen, aufgeschobene Telefongespräche führen rasch ans Ziel. Vielleicht wartet eine Email auf Antwort? Nutzen Sie die Gunst der Stunde auch für Formulare, Anträge oder Anmeldungen.

Liebe, Beziehung zu anderen Menschen

Liebesbeziehungen vertiefen sich durch Gespräche, Kontakte zu Freunden sind gerade besonders befriedigend. Bedenken Sie doch einmal Verwandte oder alte Bekannte, von denen Sie lange nichts mehr hörten, mit einem Brief oder Anruf! Aber auch Sie selbst werden von dem einen oder anderen früheren Freund eine nette Nachricht bekommen. Wenn Sie sich einer Liebe unsicher waren, bekommen Sie nun Gewißheit.

Beruf, Besitz

Kommunikation ist in Ihrem Beruf großgeschrieben: Schreiben, faxen, telefonieren, Emails versenden …Vielleicht erfahren Sie von

Ihrer Beförderung, oder ein Vertrag wird unterschrieben. Dies ist auch eine gute Karte für Schüler oder Studenten: Sollte eine Prüfung bevorstehen, wird sie gelingen.

„Angenehmer Brief" in Kombination mit ...

Ehestandskarte	→ Familienneuigkeiten
Zusammenkunft	→ Einladung, schriftlich, per Email, Telefon o.ä.
Guter Herr	→ Einladung zu einer offiziellen Feierlichkeit
Gute Dame	→ Freudige Nachricht
Falsche Person	→ Irreführende Nachricht
Eine Veränderung	→ Eine gute Nachricht verändert alles.
Eine Reise	→ Einladung zu einer Reise
Viel Geld gewinnen	→ Überweisung oder Scheck über eine große Summe
Reiches Mädchen	→ Geldgeschenk
Reicher guter Herr	→ Zusage eines Kredits oder einer Finanzierung
Traurige Nachricht	→ Widersprüchliche Nachricht
Guter Ausgang in der Liebe	→ Liebeserklärung
Seine Gedanken	→ Positiv denken
Geschenk bekommen	→ Nachricht über einen Gewinn
Ein kleines Kind	→ Geburtsanzeige, gute Nachrichten von Ihrem Kind/Ihren Kindern
Ein Todesfall	→ Todesanzeige; eine Nachricht bringt etwas zum Abschluß.
Haus	→ Hauskauf, Mietvertrag
Wohnzimmer	→ Persönliche Zusage; ein erfreuliches Ereignis geschieht bald.
Militärperson	→ Ein positiver Behördenbescheid
Gericht	→ Ein positives Urteil oder juristisches Papier

Diebstahl → Eine wichtige Nachricht geht verloren
oder wird unterschlagen
Zu hohen Ehren kommen → Beförderung, Ehrung, Auszeichnung
Großes Glück → Ein Dokument verheißt sorgenfreie
Zeiten.
Unverhofftes Geld → Nachricht über eine unerwartete Zahlung
Erwartung → Eine Nachricht sehnsüchtig erwarten
Gefängnis → Eine Nachricht bringt Einschränkung und
Verlust
Gerichtsperson → Guter Bescheid eines Amtes
Kurze Krankheit → Diagnose erweist keinen Krankheits-
befund
Kummer und Widerwärtigkeiten → Schlechte Nachricht, aber ohne
Auswirkung
Trübe Gedanken → Nachricht nimmt Sorgen
Arbeit/Beschäftigung → Arbeit mit Schriftstücken
Ein langer Weg → Die Nachricht ist lange unterwegs.
Die Hoffnung/Großes Wasser → Erkenntnis

Nr. 8

FALSCHE PERSON

Personenkarte

Problematische, negative Person, männlich oder weiblich

Problemkarte

Falsche Entscheidung, falsche Sache

Allgemein

Diese Karte weist auf Schwierigkeiten hin und stellt eine Warnung dar, die ernst genommen werden sollte. Vielleicht haben Sie sich in eine ausweglose Situation verstrickt oder es gibt tatsächlich jemanden, der Ihnen übel will. Meistens allerdings handelt es sich eher um einen energischen Hinweis, daß die eigene Lebensführung korrigiert werden muß.

Liebe, Beziehung zu anderen Menschen

Streit, Mißverständnisse und Intrigen bestimmen im Augenblick Ihre Beziehungen. Das muß zwar nicht so bleiben, aber es läßt sich auch nicht schönreden. Bleiben Sie vorsichtig, auch dann, wenn Sie gerade eine interessante Bekanntschaft gemacht zu haben glauben. Ziehen Sie sich lieber eine Weile zurück, um Ihre Angelegenheiten zu ordnen.

Beruf, Besitz

Verrichten Sie Ihre Arbeit genau und pünktlich, und stellen Sie Mißverständnisse sofort klar, sonst könnten Sie ein Opfer von Mobbing werden oder es könnte Ihnen eine Kündigung bevorstehen. Geldangelegenheiten sind im Moment nicht begünstigt, Verlust oder Betrug drohen. Warten Sie auf bessere Zeiten!

„Falsche Person" in Kombination mit ...

Ehestandskarte	→ Eine dritte Person gefährdet die Ehe.
Zusammenkunft	→ Schlechter Umgang
Guter Herr	→ Ein gefährlicher Feind
Gute Dame	→ Emotionale Verletzung durch eine feindlich gesinnte Person
Angenehmer Brief	→ Irreführende Nachricht
Eine Veränderung	→ Veränderung wird verhindert
Eine Reise	→ Vorsicht bei Urlaubsbekanntschaften!
Viel Geld gewinnen	→ Sie werden um Ihr Hab und Gut betrogen.
Reiches Mädchen	→ Eine mächtige, gefährliche Rivalin
Reicher guter Herr	→ Ein Konkurrent oder ein reicher Feind
Traurige Nachricht	→ Klatsch, üble Nachrede, Intrigen
Guter Ausgang in der Liebe	→ Ihr Partner meint es nicht ehrlich – Vorsicht!
Seine Gedanken	→ Neid und Lüge, auch: Irrsinn
Geschenk bekommen	→ Bestechung
Ein kleines Kind	→ Ein schwieriges Kind, aber auch: Adoptiv- oder Stiefkind
Ein Todesfall	→ Den Feind unschädlich machen – kann sehr negativ sein!
Haus	→ Unehrlichkeit und Streit in der Familie
Wohnzimmer	→ Sie sind sich selbst der größte Feind.
Militärperson	→ Betrüger, tarnt sich als Amtsinhaber
Gericht	→ Justizirrtum, ungerechtes Urteil
Diebstahl	→ Schlimmer Betrüger, Raubüberfall – Vorsicht!

Zu hohen Ehren kommen → Die falschen Menschen gelangen an
die Macht.
Großes Glück → Illusion
Unverhofftes Geld → Verlust einer kleineren Summe
Erwartung → Auf die falsche Person setzen, falsche
Erwartungen bezüglich eines Menschen
hegen
Gefängnis → Eine schwierige und gefährliche Lage –
Vorsicht!
Gerichtsperson → Ein parteiischer Jurist, ein bestechlicher
Politiker
Kurze Krankheit → Krank durch Ärger, Mobbing, Liebeskum-
mer
Kummer und Widerwärtigkeiten → Lügen und Klatsch bekümmern
Sie.
Trübe Gedanken → Depression, keinen Ausweg sehen
Arbeit/Beschäftigung → Ärger mit Kollegen und Vorgesetzten
Ein langer Weg → An Widrigkeiten wachsen
Die Hoffnung/Großes Wasser → Ein Problem durch Meditation
oder Gebet lösen

EINE VERÄNDERUNG

Ereigniskarte
Neuanfang, Umwälzung

Fortbewegungskarte
Auto, Motorrad, evtl. auch Fahrrad

Zeitkarte
Zeit, sich zu verändern

Tierkarte
Große Tiere, wie Pferde, Kühe usw.

Allgemein
Es tut sich etwas in Ihrem Leben, nichts bleibt wie es ist. Begrüßen Sie diese Erneuerungen, auch wenn es zuweilen ein wenig turbulent zugeht. Zumindest bleibt Ihnen langweiliger Trott erspart!

Liebe, Beziehung zu anderen Menschen
Festgefahrene Beziehungen sind im Augenblick nicht Ihre Sache. Sie sprechen leidige Themen an, sind sogar bereit, sich zu trennen, wenn die Veränderung nicht anders möglich ist. Sollten Sie gerade allein leben, wird sich dies bald ändern!

Beruf, Besitz
Am Arbeitsplatz stehen große Veränderungen an: Vielleicht kommen eine Umstrukturierung, die Umsiedlung in eine neue Abteilung oder andere Aufgaben auf Sie zu. Es ist aber auch ein gün-

stiger Moment, um über einen Firmenwechsel nachzudenken oder eine Umschulung ins Auge zu fassen.

„Eine Veränderung" in Kombination mit ...

Ehestandskarte	→ Veränderungen in der Ehe oder Partnerschaft sollten begrüßt werden.
Zusammenkunft	→ Der Bekannten- und Freundeskreis ändert sich
Guter Herr	→ Veränderung kommt durch einen bedeutenden Mann.
Gute Dame	→ Veränderung kommt durch eine wichtige Frau.
Angenehmer Brief	→ Eine gute Nachricht verändert alles.
Falsche Person	→ Veränderung wird verhindert.
Eine Reise	→ Auswandern, sehr lange Reise
Viel Geld gewinnen	→ Der Lebensstandard verbessert sich erheblich.
Reiches Mädchen	→ Eine Tochter verändert sich, z.B. geht sie aus dem Haus.
Reicher guter Herr	→ Ein Sohn verändert sich oder der Finanzberater bzw. die Bank wechselt.
Traurige Nachricht	→ Eine Veränderung gelingt nicht.
Guter Ausgang in der Liebe	→ Heiratsantrag, die Beziehung festigen
Seine Gedanken	→ Seine Überzeugungen verändern
Geschenk bekommen	→ Eine Veränderung fällt Ihnen in den Schoß.
Ein kleines Kind	→ Schwangerschaft, Geburt, ein Neuanfang
Ein Todesfall	→ Eine Situation zum Ende bringen; aber auch: ein möglicher Todesfall
Haus	→ Umzug

Wohnzimmer	→ Umräumen, Umbau
Militärperson	→ Neue Vorschriften
Gericht	→ Eine juristische Angelegenheit verändert alles.
Diebstahl	→ In Armut geraten
Zu hohen Ehren kommen	→ Ein Wechsel des Arbeitsplatzes bringt Erfolg.
Großes Glück	→ Veränderung bringt Glück.
Unverhofftes Geld	→ Neue Geldquelle
Erwartung	→ Nichts für eine Veränderung tun
Gefängnis	→ Einer Veränderung ausgeliefert sein
Gerichtsperson	→ Eine Veränderung wird angeordnet.
Kurze Krankheit	→ Eine Krankheit verändert das Leben.
Kummer und Widerwärtigkeiten	→ Nachteilige Veränderung
Trübe Gedanken	→ Angst vor Veränderung oder dem Neuen
Arbeit/Beschäftigung	→ Veränderungen am Arbeitsplatz
Ein langer Weg	→ Eine sehr langwierige Veränderung
Die Hoffnung/Großes Wasser	→ Sich durch geistiges Streben verändern, eine spirituelle Berufung

Nr. 10

EINE REISE

Ereigniskarte
Reise

Fortbewegungskarte
Bus, Eisenbahn (Flugzeug, Schiff)

Zeitkarte
Die Sache kommt in Bewegung

Pflanzenkarte
Wald

Allgemein
Was früher die Kutsche war, ist uns heute der Bus oder die Eisenbahn. Aber mit dieser Karte kann jedes größere Fortbewegungsmittel gemeint sein. Die Urlaubsreise ist Ihnen gewiß, vielleicht machen Sie einen schönen Wochenendtrip oder einen Ausflug ins Grüne. Die Reise kann auch darauf hinweisen, daß es eine gute Zeit ist, sich zu bewegen und Sport zu treiben.

Liebe, Beziehung zu anderen Menschen
Besuche bei Verwandten oder Freunden, oder interessante Urlaubsbekanntschaften: Solange Sie unterwegs sind, werden Sie sich bestimmt nicht einsam fühlen!

Beruf, Besitz
Beruflich sind Sie viel unterwegs, z.B. als Ingenieur, Vertreter

oder Verkäufer, vielleicht arbeiten Sie auch in der Touristik-branche. Wenn Sie eine neue Stelle oder eine Wohnung suchen, beschneiden Sie den Radius nicht, haben Sie den Mut, die Stadt oder die Gegend zu wechseln!

„Eine Reise" in Kombination mit ...

Ehestandskarte	→ Hochzeitsreise, Geschäftsreise mit Vertragsabschluß
Zusammenkunft	→ Reisegesellschaft oder Reisebekanntschaften
Guter Herr	→ Besuch des Vaters oder eines bedeutenden Herrn
Gute Dame	→ Besuch der Mutter oder einer Freundin oder der Geliebten
Angenehmer Brief	→ Einladung zu einer Reise
Falsche Person	→ Vorsicht bei Urlaubsbekanntschaften!
Eine Veränderung	→ Auswandern, sehr lange Reise
Viel Geld gewinnen	→ Geld durch eine Reise bekommen
Reiches Mädchen	→ Reise mit jungen Leuten, Bildungsreise
Reicher guter Herr	→ Geldgeschäfte im Ausland
Traurige Nachricht	→ Eine Reise findet nicht statt.
Guter Ausgang in der Liebe → Ein netter Urlaubsflirt	
Seine Gedanken	→ Fernweh
Geschenk bekommen → Eine Reise geschenkt bekommen	
Ein kleines Kind	→ Reise mit Kindern, Schulferien
Ein Todesfall	→ Reise ohne Wiederkehr – Vorsicht!
Haus	→ Ferien- oder Wochenendhaus, nach Hause fahren
Wohnzimmer	→ Ferien zu Hause
Militärperson	→ Paßkontrolle, Zoll
Gericht	→ Visum, Einreisegenehmigung

Diebstahl	→ Vorsicht! Wertsachen im Hotelsafe einschließen, auf Kreditkarten und Geld besonders achten.
Zu hohen Ehren kommen	→ Erfolg durch Auslandsreisen, Diplomat
Großes Glück	→ Glückliche Reise
Unverhofftes Geld	→ Urlaubsgeld, Sonderzahlung für die Reise
Erwartung	→ Reisefieber
Gefängnis	→ Gefährliche Reise – besser nicht verreisen!
Gerichtsperson	→ Juristische Angelegenheiten am Urlaubsort
Kurze Krankheit	→ Während der Reise erkranken, z.B. an einer Tropenkrankheit
Kummer und Widerwärtigkeiten	→ Diese Reise bringt nur Ärger – wenn möglich, absagen.
Trübe Gedanken	→ Angst vor der Ferne
Arbeit/Beschäftigung	→ Arbeitsplatz in der Tourismusbranche, beruflich unterwegs
Ein langer Weg	→ Eine Reise ans andere Ende der Welt
Die Hoffnung/Großes Wasser	→ Reise durch Zeit und Raum (Phantasie)

Nr. 11

VIEL GELD GEWINNEN

Geldkarte
Eine große Geldsumme

Behördenkarte
Bank

Allgemein
Diese Karte bringt materiellen Zu-
wachs, es kann sich um Geld oder um Sachwerte handeln. Sie
kündigt den Augenblick an, an dem die Ernte eingefahren wird.
Die Anstrengung dafür erfolgte vorher, manchmal allerdings
kommt der Segen auch ohne eigenes Zutun, und dadurch scheint
es, als handele es sich um das „Große Los". Freuen Sie sich, und
legen Sie etwas für die Zukunft an!

Liebe, Beziehung zu anderen Menschen
In Ihrem Freundeskreis spielt Geld und Besitz eine große Rolle,
und auch Ihren Partner/Ihre Partnerin wählen Sie sich aus wohlha-
benden Kreisen. Vergessen Sie dabei die Gefühle nicht! Teilen Sie
Ihren Überfluß mit anderen Menschen, es bringt Ihnen noch reiche-
ren Segen!

Beruf, Besitz
Sie sind finanziell unabhängig, verdienen gut und verstehen es,
Ihr Geld anzulegen. Alles läuft bestens!

„Viel Geld gewinnen" in Kombination mit ...

Ehestandskarte	→ Das Geld vermehrt sich durch gemeinsame Kassenführung.
Zusammenkunft	→ Umsatzsteigerung durch Teamarbeit oder neue Kontakte
Guter Herr	→ Durch den Chef veranlaßte Gehaltserhöhung oder Geldgeschenk des Vaters
Gute Dame	→ Geldzuwendung von einer mütterlichen Frau
Angenehmer Brief	→ Überweisung oder Scheck über eine große Summe
Falsche Person	→ Sie werden um Ihr Hab und Gut betrogen.
Eine Veränderung	→ Der Lebensstandard verbessert sich erheblich.
Eine Reise	→ Durch eine Reise Geld bekommen.
Reiches Mädchen	→ Eine gute Partie, Glück durch Wohlstand
Reicher guter Herr	→ Reichtum durch Aktien oder Zinsen
Traurige Nachricht	→ Nachricht über Geld- oder Besitzverlust
Guter Ausgang in der Liebe	→ Käufliche Liebe, nur wegen Geld heiraten
Seine Gedanken	→ Nur ans Geld denken
Geschenk bekommen	→ Schenkung, Zuwendung, Zinsen
Ein kleines Kind	→ Kinderreichtum
Ein Todesfall	→ Erbschaft
Haus	→ Grund und Boden, Immobilienbesitz
Wohnzimmer	→ Wertvolle Möbel oder Antiquitäten
Militärperson	→ Geld von einer Behörde
Gericht	→ Geld infolge eines Prozesses
Diebstahl	→ Ruin
Zu hohen Ehren kommen	→ Durch Geld in die „besseren Kreise" gelangen

Großes Glück → Reichtum durch Gewinn, ohne eigenes Zutun

Unverhofftes Geld → Steinreich

Erwartung → Eine Zahlung erwarten

Gefängnis → Geiz, Angst vor Besitzverlust

Gerichtsperson → Unterstützung in einer Geldangelegenheit

Kurze Krankheit → Eine Krankheit verursacht Kosten.

Kummer und Widerwärtigkeiten → Geldsorgen

Trübe Gedanken → Reich, aber unglücklich

Arbeit/Beschäftigung → Viel Geld verdienen

Ein langer Weg → Im Alter reich werden

Die Hoffnung/Großes Wasser → Eine bessere berufliche Position erlangen

Nr. 12

REICHES MÄDCHEN

Personenkarte
Junge Frau

Liebeskarte
Jüngere Geliebte

Familie
Schwester, Tochter, junge Verwandte

Geldkarte
Nicht für den Lebensunterhalt arbeiten müssen

Allgemein
Das Reiche Mädchen ist eine der vielen Personenkarten, die sich ausschließlich bei den Kipper-Wahrsagekarten finden. Allerdings hat diese Karte neben dem Offensichtlichen auch zusätzliche Bedeutungen: Sie stellt Genuß und Freude am Leben dar, ebenso die Kunst.

Sie erleben eine gute Zeit: Es warten Glück in der Liebe und Spaß mit Freunden. Selbst wenn Sie allein sind, fühlen Sie sich wohl. Alles gelingt. Genießen Sie die Gunst des Augenblicks!

Liebe, Beziehung zu anderen Menschen
Eine Partnerschaft mit großem Altersunterschied stellt Sie vor einige Herausforderungen. Nur wenn Sie den anderen Menschen wirklich wahrnehmen (und nicht das Bild, das Sie sich von ihm machen), hat die Bindung eine langfristige Chance. Allerdings – vielleicht wollen Sie das ja gar nicht?

In Ihrer Clique geht es hauptsächlich um Spaß, Freunde mit Tiefgang sind im Augenblick nicht Ihre Sache.

Beruf, Besitz

Noch sorgen andere für Ihr Fortkommen oder den Lebensunterhalt. Sie genießen die schönen Seiten des Studentenlebens oder erfreuen sich an einer interessanten Ausbildung. Wenn Sie einem Hobby nachgehen, haben Sie damit viel Erfolg.

„Reiches Mädchen" in Kombination mit ...

Ehestandskarte	→ Glückliches Familienleben
Zusammenkunft	→ Familientreffen, Besuch der Tochter
Guter Herr	→ Höhere Gesellschaftskreise, Prominenz
Gute Dame	→ Mächtige, wohlhabende Frau
Angenehmer Brief	→ Geldgeschenk
Falsche Person	→ Eine mächtige, gefährliche Rivalin
Eine Veränderung	→ Eine Tochter verändert sich, z.B. geht sie aus dem Haus.
Eine Reise	→ Reise mit jungen Leuten, Bildungsreise
Viel Geld gewinnen	→ Eine gute Partie, Glück durch Wohlstand
Reicher guter Herr	→ Glückliches junges Paar
Traurige Nachricht	→ Liebeskummer, emotionale Enttäuschung
Guter Ausgang in der Liebe	→ Sich in eine jüngere Person verlieben
Seine Gedanken	→ Heiteres Naturell
Geschenk bekommen	→ Ein wundervolles Geschenk
Ein kleines Kind	→ Eine Tochter im Kindesalter; die Kinder machen Ihnen viel Freude.
Ein Todesfall	→ Ende der unbeschwerten Jugendzeit
Haus	→ Ein schönes Heim, ein Haus voller junger Leute
Wohnzimmer	→ Eine glückliche Familie

Militärperson	→ Kurze Liebesbeziehung, heimliche Affaire
Gericht	→ Vormundschaftsgericht, Sorgerechts- bescheid
Diebstahl	→ Naivität hat üble Folgen
Zu hohen Ehren kommen	→ Karriere in einem künstlerischen Beruf
Großes Glück	→ Alles ist gut!
Unverhofftes Geld	→ Geld für Unterhaltung
Erwartung	→ Illusorische Erwartung
Gefängnis	→ Als junger Mensch bevormundet und eingeschränkt werden
Gerichtsperson	→ Unterstützung durch eine Behörde
Kurze Krankheit	→ Sexuelle Probleme
Kummer und Widerwärtigkeiten	→ Eine schwere und unglückliche Jugend
Trübe Gedanken	→ Der Jugendzeit nachtrauern
Arbeit/Beschäftigung	→ Ausbildung
Ein langer Weg	→ Leichtsinn
Die Hoffnung/Großes Wasser	→ Wenig Bewußtsein für Lebens- fragen

Nr. 13

REICHER GUTER HERR

Personenkarte

Freund, junger Mann

Liebeskarte

Junger Geliebter

Familienkarte

Sohn, Bruder, jüngerer Verwandter

Geldkarte

Finanzielle Angelegenheiten

Allgemein

Der Reiche gute Herr ist eine der vielen Personenkarten, die sich ausschließlich bei den Kipper-Wahrsagekarten finden. Allerdings hat diese Karte neben dem Offensichtlichen auch zusätzliche Bedeutungen: Bankgeschäfte finden Sie mit dieser Karte dargestellt und gute Neuigkeiten.

Es geht darum, seinen Platz im Leben zu finden, Fähigkeiten zu entwickeln und anzuwenden.

Liebe, Beziehung zu anderen Menschen

Es kommt Ihnen so vor, als hätten Sie im Augenblick nicht viel Zeit für Gefühle. Das Arbeitsleben nimmt Sie ziemlich in Anspruch, und die sichtbaren Erfolge machen Sie selbstzufrieden. Ziehen Sie sich nicht zurück! Rufen Sie doch einmal zu Hause bei Ihrer Familie an, und erzählen Sie, wie gut es Ihnen geht, halten

Sie den Kontakt zu Freunden aufrecht. Geteilte Freude ist doppelte Freude!

Beruf, Besitz

Im Studium oder in der Ausbildung wird es ernst: Prüfungen stehen an, Klausuren werden geschrieben. Als Berufsanfänger gilt es, sich zu bewähren und sein Können zu zeigen. Geldangelegenheiten sind im Augenblick begünstigt, vielleicht sollten Sie sich sogar einem damit verbundenen Tätigkeitsbereich zuwenden.

„Reicher guter Herr" in Kombination mit ...

Ehestandskarte	→ Neue Möglichkeiten in der Ehe oder Partnerschaft
Zusammenkunft	→ Finanzielle Besprechung, Besuch des Sohnes
Guter Herr	→ Ein wichtiger Kunde oder Verhandlungspartner
Gute Dame	→ Eine Kundin, Verhandlungen mit einer Frau
Angenehmer Brief	→ Zusage eines Kredits oder einer Finanzierung
Falsche Person	→ Ein Konkurrent oder ein reicher Feind
Eine Veränderung	→ Ein Sohn verändert sich oder der Finanzberater bzw. die Bank wechselt
Eine Reise	→ Geldgeschäfte im Ausland
Viel Geld gewinnen	→ Reichtum durch Aktien oder Zinsen
Reiches Mädchen	→ Glückliches junges Paar
Traurige Nachricht	→ Schlechte Neuigkeiten
Guter Ausgang in der Liebe	→ Verlobung, Geschäftsverbindung
Seine Gedanken	→ Ehrgeiz
Geschenk bekommen	→ Ein gutes Geschäft oder ein guter Einkaufstip

73

Ein kleines Kind	→ Ein Sohn im Kindesalter
Ein Todesfall	→ Sich mit dem Ernst des Lebens auseinandersetzen
Haus	→ Baufinanzierung, die erste eigene Wohnung
Wohnzimmer	→ Ein Sohn lebt noch zu Hause.
Militärperson	→ Zivil- oder Militärdienst
Gericht	→ Gerecht beurteilt oder benotet werden
Diebstahl	→ Um seinen Erfolg betrogen werden
Zu hohen Ehren kommen	→ Karriere in jungen Jahren
Großes Glück	→ Glück in Finanzangelegenheiten
Unverhofftes Geld	→ Unerwartete Prämie
Erwartung	→ Auf Zusage oder Prüfungsbescheid warten
Gefängnis	→ Keine Entwicklungsmöglichkeit
Gerichtsperson	→ Junger Jurist
Kurze Krankheit	→ kränklicher, junger Mann
Kummer und Widerwärtigkeiten	→ Mißerfolg im Studium oder als Berufsanfänger
Trübe Gedanken	→ Angst zu versagen
Arbeit/Beschäftigung	→ Vielversprechender junger Mensch
Ein langer Weg	→ Lehr- und Wanderjahre
Die Hoffnung/Großes Wasser	→ Intellektuell oder philosophisch interessierter, junger Mensch

Nr. 14

TRAURIGE NACHRICHT

Personenkarte

Eine traurige Frau, eine Frau mit großen Problemen

Nachrichtenkarte

Enttäuschende Nachricht

Gesundheitskarte

Unpäßlichkeit, Unwohlsein

Allgemein

Hier geht es um all die Ärgernisse des Alltags, die uns das Leben schwer machen: Rechnungen, Reparaturen, Nachzahlungen,
Streit mit Nachbarn oder Kollegen, schlechte Nachrichten für die
Familie. Auch kleinere Befindlichkeitsstörungen oder banale Infek-
te, vorübergehende Schmerzen oder leichte Verletzungen werden
durch diese Karte dargestellt.

Liebe, Beziehung zu anderen Menschen

Die lästigen Notwendigkeiten des Alltags, wie Arbeit, Haushalt, Putzen, Behördengänge und Besorgungen, erschweren einen
erfreulichen Kontakt zu den nächsten Mitmenschen. Und auch bei
weitläufigeren Bekannten schleichen sich durch Hetze und Streß
Mißverständnisse und Enttäuschungen ein. Besinnen Sie sich auf
das Wesentliche und lassen Sie einfach einiges liegen!

Beruf, Besitz

Am Arbeitsplatz beherrschen langweilige Routinetätigkeiten den Tag, und der Umgang mit Kollegen ist alles andere als nett. Körperliche Erschöpfung behindert eine tiefgreifende Änderung des Lebens. Setzen Sie in der Freizeit auf Erholung und Entspannung!

„Traurige Nachricht" in Kombination mit ...

Ehestandskarte	→ Kummer kündigt sich an, er kommt allerdings von außen und ist nicht in der Ehe oder Familie begründet.
Zusammenkunft	→ Eine Gesellschaft oder eine Verabredung wird abgesagt.
Guter Herr	→ Eine schlechte Nachricht (finanziell oder beruflich), die sehr ernst genommen werden muß.
Gute Dame	→ Nachricht, die Kummer verursacht
Angenehmer Brief	→ Widersprüchliche Nachricht
Falsche Person	→ Eine Gesellschaft oder eine Verabredung wird abgesagt.
Eine Veränderung	→ Eine Veränderung gelingt nicht.
Eine Reise	→ Eine Reise findet nicht statt; Reisekrankheit.
Viel Geld gewinnen	→ Nachricht über Geld- oder Besitzverlust
Reiches Mädchen	→ Liebeskummer, emotionale Enttäuschung
Reicher guter Herr	→ Schlechte Neuigkeiten
Guter Ausgang in der Liebe	→ Ihr Partner enttäuscht Sie.
Seine Gedanken	→ Streß, Hektik
Geschenk bekommen	→ Die Nachricht ist nicht so schlimm, wie es scheint.
Ein kleines Kind	→ Kränkliches Kind, Erziehungsprobleme

Ein Todesfall	→ Kündigung, Todesanzeige
Haus	→ Kündigung des Hauses, familiäre Sorgen
Wohnzimmer	→ Kündigung der Wohnung, hohe Rechnungen
Militärperson	→ Eingezogen werden
Gericht	→ Ein Urteil bringt Schwierigkeiten
Diebstahl	→ Nachricht über einen Verlust; ein wichtiges Dokument geht verloren.
Zu hohen Ehren kommen	→ Eine zweifelhafte Ehrung
Großes Glück	→ Vorübergehende Probleme
Unverhofftes Geld	→ Eine unerwartete Nachzahlung wird eingefordert.
Erwartung	→ Etwas Negatives erwarten
Gefängnis	→ Sich vom Alltag erdrückt fühlen
Gerichtsperson	→ Rechtlichen Beistand benötigen
Kurze Krankheit	→ Ernste Krankheit, ungünstiger Untersuchungsbefund
Kummer und Widerwärtigkeiten	→ Sehr schwere Zeit, suchen Sie Hilfe!
Trübe Gedanken	→ Durch Krankheit bedingte Depression
Arbeit/Beschäftigung	→ Unerwünschte Versetzung
Ein langer Weg	→ Die Schwierigkeiten dauern noch eine Weile an.
Die Hoffnung/Großes Wasser	→ Zuflucht im Gebet oder der Meditation finden

Nr. 15

GUTER AUSGANG
IN DER LIEBE

Liebeskarte
Liebesglück

Tierkarte
Haustiere

Allgemein
Liebe, Freundschaft und Liebenswürdigkeit sind die Qualitäten, um die es hier geht. Wenn Sie Schwierigkeiten haben, werden Sie sich bald auflösen.

Liebe, Beziehung zu anderen Menschen
Wenn Sie verliebt sind, wird Ihre Liebe erwidert, sollten Sie zur Zeit allein leben, wird sich dies bald ändern. Durch Ihre Freunde haben Sie ein stabiles soziales Netz, und auch in der Familie sind die Beziehungen erfreulich. Was wollen Sie mehr?

Beruf, Besitz
Der Umgang mit den Kollegen ist freundschaftlich zu nennen. Sollten Sie eine Arbeit suchen, werden Freunde Ihnen einen heißen Tip geben. Vielleicht wäre eine Beruf im sozialen Bereich für Sie das Richtige?

„Guter Ausgang in der Liebe" in Kombination mit ...
Ehestandskarte → Eine glückliche Ehe oder Beziehung
Zusammenkunft → Einen neuen Partner kennenlernen

Guter Herr	→ Eine intensive, aber schwierige Liebesbeziehung
Gute Dame	→ Eine glückliche Liebesbeziehung (keine Ehe)
Angenehmer Brief	→ Eine Liebeserklärung
Falsche Person	→ Ihr Partner meint es nicht ehrlich – Vorsicht!
Eine Veränderung	→ Heiratsantrag, die Beziehung festigen
Eine Reise	→ Ein netter Urlaubsflirt
Viel Geld gewinnen	→ Käufliche Liebe, nur wegen Geld heiraten
Reiches Mädchen	→ Sich in eine jüngere Person verlieben
Reicher guter Herr	→ Verlobung, Geschäftsverbindung
Traurige Nachricht	→ Ihr Partner enttäuscht Sie.
Seine Gedanken	→ Liebevolle Gedanken, auf den Partner oder Freund fest vertrauen
Geschenk bekommen	→ Kleine Geschenke erhalten die Freundschaft.
Ein kleines Kind	→ Mutterglück, sein Kind lieben
Ein Todesfall	→ Die Liebe ist erkaltet; Trennung.
Haus	→ Eine liebevolle Familie, ein glückliches Heim
Wohnzimmer	→ Zweisamkeit, sich in die Partnerschaft zurückziehen
Militärperson	→ Ein junger Liebhaber
Gericht	→ Streit verbittert die Liebe.
Diebstahl	→ Eine dritte Person raubt die Liebe des Partners.
Zu hohen Ehren kommen	→ Gesellschaftlicher Aufstieg durch eine Liebesbeziehung
Großes Glück	→ Der großen Liebe begegnen
Unverhofftes Geld	→ Eine liebe Person verhilft zu einem Vorteil.

Erwartung	→ Auf die große Liebe warten
Gefängnis	→ Eine einengende Beziehung
Gerichtsperson	→ Eine dritte Person vermittelt zwischen den Partnern
Kurze Krankheit	→ Diese Beziehung macht Sie krank.
Kummer und Widerwärtigkeiten	→ Eine Beziehung, die über viel Leid und Kummer zum Glück führt.
Trübe Gedanken	→ Die fehlende Liebe macht depressiv.
Arbeit/Beschäftigung	→ Die Arbeit lieben
Ein langer Weg	→ Diese Beziehung verlangt viel Einsatz.
Die Hoffnung/Großes Wasser	→ Liebe zu Gott, Zölibat

Nr. 16

SEINE GEDANKEN

Personenkarte
Ein gebildeter Mensch

Zeitkarte
Zeit der Vorbereitung

Gesundheitskarte
Gesundheit durch positives Denken

Allgemein
Was geht Ihnen so alles durch den Kopf? Ihre Gedanken erschaffen Ihre Welt, das sollte Ihnen bewußt sein. Wenn Sie diese Kraft für sich nutzen, dann stehen Ihnen alle Möglichkeiten offen. Wenn Sie gerade Schwierigkeiten haben, lohnt es sich, die ganze Situation einmal gründlich zu überdenken.

Liebe, Beziehung zu anderen Menschen
Andere Menschen interessieren Sie im Augenblick nicht so sehr. Es geht Ihnen eher darum, den eigenen Standpunkt zu finden und klar zu sehen. Suchen Sie trotzdem den Austausch mit anderen! Erst in der Auseinandersetzung bewährt sich die eigene Meinung, und durch die Betrachtung einer Situation unter möglichst vielen Gesichtspunkten wird Ihr Weltbild umfassender.

Beruf, Besitz
Wenn Sie als Wissenschaftler oder Gelehrter arbeiten, dann haben Sie jetzt Erfolg. Aber auch in anderen Berufen lohnt es sich,

die Abläufe am Arbeitsplatz einmal gründlich zu analysieren. Bestimmt läßt sich einiges verbessern und erleichtern! Möglicherweise beginnen Sie nun eine neue Ausbildung oder entscheiden sich zu einer Fortbildung.

„Seine Gedanken" in Kombination mit ...

Ehestandskarte	→ Die Ehe oder Partnerschaft wird hinterfragt.
Zusammenkunft	→ Eine Gesellschaft wird kritisch betrachtet.
Guter Herr	→ Beweggründe des Chefs/Vaters/Geliebten
Gute Dame	→ Gedanken der Mutter/Freundin/Chefin/Geliebten
Angenehmer Brief	→ Positiv denken
Falsche Person	→ Neid und Lüge, auch: Irrsinn
Eine Veränderung	→ Seine Überzeugung verändern
Eine Reise	→ Fernweh
Viel Geld gewinnen	→ Nur ans Geld denken
Reiches Mädchen	→ Heiteres Naturell
Reicher guter Herr	→ Ehrgeiz
Traurige Nachricht	→ Streß, Hektik
Guter Ausgang in der Liebe	→ Liebevolle Gedanken, auf den Partner oder Freund fest vertrauen
Geschenk bekommen	→ Eine gute Eingebung, die richtige Idee
Ein kleines Kind	→ Ihr Kind braucht mehr Aufmerksamkeit.
Ein Todesfall	→ Gedanken über das Sterben, auch: Todesangst
Haus	→ Streben nach Besitz, z.B. Haus
Wohnzimmer	→ Nur an die eigenen Interessen denken
Militärperson	→ Starres Denken
Gericht	→ Gerechtes Denken

Diebstahl → Geistiger Diebstahl – Vorsicht!

Zu hohen Ehren kommen → Erfindung, wissenschaftliche Entdeckung

Großes Glück → Geistige Erkenntnis

Unverhofftes Geld → Streben nach mehr Geld

Erwartung → Vor dem Handeln zurückschrecken, Passivität

Gefängnis → Immer dasselbe denken, keinen Ausweg sehen

Gerichtsperson → Klares Denken

Kurze Krankheit → Geistige Verwirrung

Kummer und Widerwärtigkeiten → Niedergeschlagenheit, Depression

Trübe Gedanken → Negativ denken

Arbeit/Beschäftigung → Geistige Arbeit

Ein langer Weg → Um Erkenntnis ringen

Die Hoffnung/Großes Wasser → Erleuchtung anstreben

Nr. 17

GESCHENK BEKOMMEN

Glückskarte!
Das kleine Glück

Personenkarte
Mehrere Kinder

Geldkarte
Geldgeschenk

Nachrichten
Eine wichtige Zusage

Allgemein
Schöne Dinge und Ereignisse kommen auf Sie zu. Sie müssen nichts dafür tun, es handelt sich eben um Geschenke. Es geht hier um das „kleine", das heißt private Glück, die Freude über nette Begegnungen, gelungene Unternehmungen. Schlechte Einflüsse werden durch diese Karte gemildert oder aufgehoben, sie ist eine der Glückskarten des Spiels.

Liebe, Beziehung zu anderen Menschen
Ihr Leben ist reich an guten Beziehungen: zu Kindern, zu Verwandten und zu Freunden. Ihre Partnerschaft erleben Sie als ein Geschenk. Verwöhnen Sie Ihre Lieben mit kleinen Aufmerksamkeiten!

Beruf, Besitz

An Ihrem Arbeitsplatz sind Sie glücklich: Es ist genau die Tätigkeit, die Sie sich wünschen und durch die Sie sich weiterentwickeln können. Es ist eine Zeit der Fülle: Geld und Gut fließen Ihnen zu, ohne daß Sie sich darum sorgen müßten

„Geschenk bekommen" in Kombination mit ...

Ehestandskarte	→ Glückskarte! Glücksfälle aller Art für die Ehe oder Familie
Zusammenkunft	→ Mitbringsel, Gastgeschenke
Guter Herr	→ Ein nicht ganz uneigennütziges Geschenk
Gute Dame	→ Sich in der mütterlichen Liebe geborgen fühlen
Angenehmer Brief	→ Nachricht über einen Gewinn
Falsche Person	→ Bestechungsversuch
Eine Veränderung	→ Die Veränderung fällt Ihnen in den Schoß.
Eine Reise	→ Eine Reise geschenkt bekommen
Viel Geld gewinnen	→ Schenkung, Zuwendung, Zinsen
Reiches Mädchen	→ Ein wundervolles Geschenk
Reicher guter Herr	→ Ein gutes Geschäft oder ein guter Einkaufstip
Traurige Nachricht	→ Die Nachricht ist nicht so schlimm, wie es scheint.
Guter Ausgang in der Liebe	→ Kleine Geschenke erhalten die Freundschaft.
Seine Gedanken	→ Eine gute Eingebung, die richtige Idee
Ein kleines Kind	→ Gerne mit Kindern zusammen sein; Ihre Kinder sind ein Geschenk für Sie.
Ein Todesfall	→ Das befreiende Ende einer unangenehmen Situation
Haus	→ Haus-/Immobiliengeschenk, Erbschaft

Wohnzimmer	→ Geschenke für die Inneneinrichtung
Militärperson	→ Hilfe durch einen Uniformierten (z.B. Polizist)
Gericht	→ Urteil zu Ihren Gunsten
Diebstahl	→ Jemand will Sie um eine Erbschaft betrügen.
Zu hohen Ehren kommen	→ Einen Orden oder eine Auszeichnung erhalten
Großes Glück	→ Eine lang anhaltende Glücksphase
Unverhofftes Geld	→ Geldgeschenk
Erwartung	→ Ein Geschenk erwarten
Gefängnis	→ Ein Geschenk besser ablehnen
Gerichtsperson	→ Hilfe durch einen Juristen oder Politiker
Kurze Krankheit	→ Genesung
Kummer und Widerwärtigkeiten	→ Widrigkeiten sind nur von kurzer Dauer bzw. dienen einem Neuanfang
Trübe Gedanken	→ Unnötige Sorgen
Arbeit/Beschäftigung	→ Die Arbeit macht Spaß.
Ein langer Weg	→ Eine gute Zeit steht bevor.
Die Hoffnung/Großes Wasser	→ Gnade

Ein kleines Kind

Personenkarte
Ein Kind

Familienkarte
Kind oder Kinder

Zeitkarte
Ganz am Anfang stehen

Tierkarte
Federvieh, großer Vogel

Allgemein
Jetzt ist die richtige Zeit, etwas Neues in Ihrem Leben zu beginnen! Es wird gelingen, weil Sie im Augenblick über die Fähigkeit verfügen, wie ein Kind unvoreingenommen auf alles zuzugehen und neugierig ebenso wie interessiert zu sein.

Liebe, Beziehung zu anderen Menschen
Wenn Sie ein Kind – oder mehrere – haben, wäre es gut, mehr Zeit mit ihm/ihnen zu verbringen. Die Kindheit ist so kurz, lassen Sie diese Jahre nicht ungenutzt verstreichen!

Beruf, Besitz
In einem pädagogischen Beruf wären Sie am richtigen Platz. Ansonsten kann diese Karte als Hinweis dafür gelten, daß Sie weniger an die Karriere, und mehr an Ihre Kinder denken sollten.

„Ein kleines Kind" in Kombination mit ...

Ehestandskarte → Schwangerschaft, Kindersegen

Zusammenkunft → Kindergesellschaft, neue Leute kennenlernen

Guter Herr → Neuer Chef, aber auch: schwanger vom Geliebten

Gute Dame → Mutter und Kind

Angenehmer Brief → Geburtsanzeige, gute Nachricht von Ihrem Kind/Ihren Kindern

Falsche Person → Ein schwieriges Kind, aber auch: Adoptiv- oder Stiefkind

Eine Veränderung → Schwangerschaft, Geburt, ein Neuanfang

Eine Reise → Reise mit Kindern, Schulferien

Viel Geld gewinnen → Kinderreichtum

Reiches Mädchen → Tochter im Kindesalter; Kinder machen Ihnen viel Freude.

Reicher guter Herr → Sohn im Kindesalter

Traurige Nachricht → Kränkliches Kind, Erziehungsprobleme

Guter Ausgang in der Liebe → Mutterglück, sein Kind lieben

Seine Gedanken → Ihr Kind braucht mehr Aufmerksamkeit

Geschenk bekommen → Gerne mit Kindern zusammen sein; Ihre Kinder sind ein Geschenk für Sie.

Ein Todesfall → Ihre Kinder gehen fort

Haus → Kinderreiches oder kindgerechtes Haus

Wohnzimmer → Familienleben

Militärperson → Ein Kind gerät auf Abwege.

Gericht → Jugend- oder Familiengericht

Diebstahl → Kindesentführung möglich – Vorsicht!

Zu hohen Ehren kommen → Ein hochbegabtes Kind

Großes Glück → Ersehntes Wunschkind

Unverhofftes Geld → Finanzielle Hilfe für das Kind

Erwartung   → Schwangerschaft
Gefängnis   → Sich von der Sorge um die Kinder
                         erdrückt fühlen
Gerichtsperson   → Vormund
Kurze Krankheit   → Kinderkrankheit
Kummer und Widerwärtigkeiten → Schwierigkeiten mit dem Kind
Trübe Gedanken   → Sorgen um die Kinder
Arbeit/Beschäftigung → Pädagogischer Beruf
Ein langer Weg   → Kindererziehung
Die Hoffnung/Großes Wasser → Innerlich geläutert sein, ein
                         geistiger Neuanfang

Nr. 19

EIN TODESFALL

Ereigniskarte
Abschied

Zeitkarte
Ewigkeit

Gesundheitskarte
Krankheit mit nachfolgender Einschränkung der körperlichen Fähigkeiten

Problemkarte
Schmerzlich empfundenes Ende eines Lebensabschnitts

Allgemein
Etwas Altes, Vergangenes in Ihrem Leben muß losgelassen
werden. Das ist ein eher schmerzlicher Vorgang, aber er öffnet die
Tür für neue, bessere Möglichkeiten, von denen Sie im Augenblick
noch keine Vorstellung haben können.

Der leibliche Tod ist meist nur verdeckt aus Karten herauszule-
sen, weil es sich ebenfalls nur um den Übergang in eine neue Da-
seinsform handelt. Sollte „der Todesfall" allerdings von mehreren
schlechten Karten umgeben sein, ist Vorsicht schon angebracht.
Dann sind Sie im Augenblick vielleicht besonders anfällig für
Krankheiten oder Unfälle.

Liebe, Beziehung zu anderen Menschen
Alte Freundschaften lösen sich auf, oder besonders vertraute

Personen ziehen um und sind dadurch nicht mehr in ihrer Nähe. In der Partnerschaft stellen Sie fest, daß Sie eigentlich nichts mehr verbindet, oder Sie trauern bereits um eine zu Bruch gegangene Beziehung. Verlieren Sie nicht den Mut! Bald werden Sie Menschen kennenlernen, die besser zu Ihrer jetzigen Entwicklungsstufe passen.

Beruf, Besitz

Sie gehen in den Ruhestand, werden arbeitslos, oder Ihr Arbeitsplatz verändert sich so, daß Sie sich dort nicht mehr wohlfühlen. Öffnen Sie den Blick für die neuen Möglichkeiten, die sich daraus ergeben!

„Ein Todesfall" in Kombination mit ...

Ehestandskarte	→ Ende der Beziehung
Zusammenkunft	→ Trauergesellschaft, eine triste Gemeinschaft
Guter Herr	→ Verlust des Vaters/Freundes/Chefs
Gute Dame	→ Verlust der Mutter/Freundin/Chefin/Geliebten
Angenehmer Brief	→ Todesanzeige, eine Nachricht bringt etwas zum Abschluß
Falsche Person	→ Den Feind unschädlich machen (kann sehr negativ sein!)
Eine Veränderung	→ Eine Situation beenden; aber auch: Ein Todesfall ist möglich.
Eine Reise	→ Reise ohne Wiederkehr – Vorsicht!
Viel Geld gewinnen	→ Erbschaft
Reiches Mädchen	→ Ende der unbeschwerten Jugendzeit
Reicher guter Herr	→ Sich mit dem Ernst des Lebens auseinandersetzen
Traurige Nachricht	→ Kündigung, Todesanzeige

Guter Ausgang in der Liebe → Die Liebe ist erkaltet; Trennung.

Seine Gedanken → Gedanken über das Sterben, auch: Todesangst

Geschenk bekommen → Das befreiende Ende einer unangenehmen Situation

Ein kleines Kind → Ihre Kinder gehen fort

Haus → Sein Haus verlassen müssen, eventuell Todesfall in der Familie

Wohnzimmer → Umziehen müssen

Militärperson → Staatsgewalt, Krieg – Vorsicht!

Gericht → Gerechtigkeit erst nach dem Tod – Vorsicht!

Diebstahl → Raubmord – Vorsicht!

Zu hohen Ehren kommen → Seiner Zeit voraus sein, Ruhm erst nach dem Tod

Großes Glück → Das Ende einer Situation ist ein Segen.

Unverhofftes Geld → Kleine Erbschaft

Erwartung → Die Hoffnung oder Erwartung ist vergebens.

Gefängnis → Eine gefährliche Situation, die nur von innen heraus gelöst werden kann (z.B. durch Meditation oder Gebet).

Gerichtsperson → Juristische Hilfe ist nötig.

Kurze Krankheit → Ernste gesundheitliche Probleme; erfahrenen Facharzt aufsuchen!

Kummer und Widerwärtigkeiten → Viel Ärger um einen Todesfall

Trübe Gedanken → Trauer

Arbeit/Beschäftigung → Ruhestand, evtl. Bestattungsinstitut

Ein langer Weg → Es dauert noch lange, bis die Situation ein Ende findet.

Die Hoffnung/Großes Wasser → Einweihung

Nr. 20

HAUS

Familienkarte
Stabiles und Sicherheit gebendes Familienleben

Immobilienkarte
Haus oder mittleres Gebäude, z.B. Mehrfamilienhaus

Zeitkarte
Dauer

Allgemein
Ihr Gemütszustand ist ausgeglichen und Sie fühlen sich sicher, Ihre Lebensweise hat ein festes Fundament, und es sieht ganz so aus, als würde dies lange Zeit Bestand haben. Achten Sie deshalb darauf, anpassungsfähig zu bleiben und überprüfen Sie gelegentlich Ihre Überzeugungen, damit die Stabilität nicht zur Starre wird.

Liebe, Beziehung zu anderen Menschen
Ihre Partnerschaft ist eine sichere, vertrauensvolle Beziehung, nicht gerade leidenschaftlich, aber sehr zuverlässig. Ihr Freundeskreis ist stabil, und die Kontakte zu Verwandten pflegen Sie durch regelmäßige Besuche oder Anrufe. Sie sind aufgrund Ihrer Ausgeglichenheit überall gerne gesehen.

Beruf, Besitz
Sie wahren Ihren Besitz und legen Ihr Geld am liebsten in Im-

mobilien an. Das eigene Haus bedeutet für Sie allerdings mehr als eine sichere Investition: Es ist die äußere Form Ihres Lebensgrundgefühls, denn Wechsel schätzen Sie nicht so sehr. Im Beruf haben Sie eine sichere, krisenfeste Position.

„Haus" in Kombination mit ...

Ehestandskarte	→ Häuslichkeit, Familienleben
Zusammenkunft	→ Familienfeier
Guter Herr	→ Unter dem Einfluß des Vaters stehen
Gute Dame	→ Die Mutter als Zentrum des Familienlebens, Hausfrau
Angenehmer Brief	→ Hauskauf, Mietvertrag
Falsche Person	→ Unehrlichkeit und Streit in der Familie
Eine Veränderung	→ Umzug
Eine Reise	→ Ferien- oder Wochenendhaus, nach Hause fahren
Viel Geld gewinnen	→ Grund und Boden, Immobilienbesitz
Reiches Mädchen	→ Ein schönes Heim, ein Haus voller junger Leute
Reicher guter Herr	→ Baufinanzierung, die erste eigene Wohnung
Traurige Nachricht	→ Kündigung des Hauses, familiäre Sorgen
Guter Ausgang in der Liebe	→ Eine liebevolle Familie, ein glückliches Heim
Seine Gedanken	→ Besitz oder Haus anstreben
Geschenk bekommen	→ Haus-/Immobiliengeschenk, Erbschaft
Ein kleines Kind	→ Kinderreiches oder kindgerechtes Haus
Ein Todesfall	→ Sein Haus verlassen müssen, evtl. Todesfall in der Familie
Wohnzimmer	→ Häuslichkeit, sich nur zu Hause verwirklichen

Militärperson	→ Kaserne
Gericht	→ Besitzfragen werden vor Gericht geregelt.
Diebstahl	→ Einbruch möglich – Vorsicht!
Zu hohen Ehren kommen	→ Juristische Angelegenheiten Ihr Haus betreffend
Großes Glück	→ Ihr Haus macht Sie glücklich.
Unverhofftes Geld	→ Hilfe bei der Baufinanzierung
Erwartung	→ Hausbesitz anstreben
Gefängnis	→ Sich im Haus eingesperrt fühlen
Gerichtsperson	→ Notar oder Jurist, der beim Hauskauf mitwirkt
Kurze Krankheit	→ Das Gebäude macht krank; Krankenhaus.
Kummer und Widerwärtigkeiten	→ Trauriges Zuhause
Trübe Gedanken	→ Die Gedanken drehen sich im Kreis, eingefahrenes Denken
Arbeit/Beschäftigung	→ In einem Haus arbeiten
Ein langer Weg	→ Ein Leben ohne Überraschungen
Die Hoffnung/Großes Wasser	→ In sich selbst ruhen, nichts mehr brauchen

Nr. 21

WOHNZIMMER

Familienkarte
Kleinfamilie

Immobilienkarte
Wohnung oder kleines Gebäude, z.B.
Garage

Zeitkarte
Bald, innerhalb weniger Tage oder Wochen

Allgemein
Das Wohnzimmer ist eine wichtige Zeitkarte; nach dem ältesten Anleitungsheftchen gilt sie sogar als die Wichtigste überhaupt. Denn alles, was innerhalb einer kurzen Zeitspanne zu erwarten ist, geschieht mit größerer Wahrscheinlichkeit, als weiter entfernt liegende Ereignisse. Das Wohnzimmer bedeutet aber auch die Privatsphäre und das Innenleben, also das Seelische des Menschen.

Liebe, Beziehung zu anderen Menschen
Der engste Familienkreis, ein treuer Freund oder die beste Freundin, oder gar nur die Zweisamkeit mit dem Partner reichen Ihnen völlig aus. Sicher ist es ein Glück, so intensive Beziehungen zu haben, aber achten Sie dennoch darauf, nicht zu sehr zu vereinsamen! Je größer der Bekanntenkreis, um so mehr Anregung und Abwechslung gibt es schließlich auch.

Beruf, Besitz

Sie besitzen nicht viel, für Sie gilt der Spruch: Raum ist in der kleinsten Hütte. Eigentlich sind Sie auch ganz zufrieden damit, denn das Hobby oder die Freizeit ist Ihnen wesentlich wichtiger als eine berufliche Karriere. Das ehrenamtliche Engagement, das einen hohen Idealismus und ganzen Einsatz erfordert, wird ebenfalls mit dieser Karte bezeichnet. Ein arbeitsintensiver Berufsstand ist hiermit besonders dargestellt: der der Haus- und Familienfrauen.

„Wohnzimmer" in Kombination mit ...

Ehestandskarte	→ Intimität; die angekündigten Ereignisse treten bald ein.
Zusammenkunft	→ Kleinere Feier; bald kommt eine gesellige Zeit.
Guter Herr	→ In Kürze erscheint ein neuer Liebhaber oder ein neuer Chef.
Gute Dame	→ Baldige Begegnung mit einer neuen Geliebten oder einer neuen Chefin
Angenehmer Brief	→ Persönliche Zusage; ein erfreuliches Ereignis tritt bald ein.
Falsche Person	→ Sie sind sich selbst der größte Feind.
Eine Veränderung	→ Umräumen, Umbau
Eine Reise	→ Ferien zu Hause
Viel Geld gewinnen	→ Wertvolle Möbel oder Antiquitäten
Reiches Mädchen	→ Eine glückliche Familie
Reicher guter Herr	→ Ein Sohn lebt noch zu Hause.
Traurige Nachricht	→ Kündigung der Wohnung, hohe Rechnungen
Guter Ausgang in der Liebe	→ Zweisamkeit, sich in die Partnerschaft zurückziehen
Seine Gedanken	→ Nur an die eigenen Interessen denken
Geschenk bekommen	→ Geschenke für die Inneneinrichtung

Ein kleines Kind   → Familienleben
Ein Todesfall   → Umziehen müssen
Haus   → Häuslichkeit, sich nur zu Hause verwirkli-
                         chen
Militärperson   → Sein Zuhause absichern (z.B. Alarmanlage)
Gericht   → Mit sich selbst ins Gericht gehen
Diebstahl   → Kleinerer Einbruch, etwas verlegt haben
Zu hohen Ehren kommen → Auszeichnung für ein Ehrenamt
Großes Glück   → Nur zu Hause glücklich sein, glückliches
                         Privatleben
Unverhofftes Geld   → Kleinere Anschaffung für die Wohnung
Erwartung   → Sich ins Privatleben zurückziehen
Gefängnis   → Eine schwierige Zeit kommt auf Sie zu.
Gerichtsperson   → Vermieter, Hausverwalter
Kurze Krankheit   → Bettlägerigkeit
Kummer und Widerwärtigkeiten → Große Probleme im privaten
                         Bereich
Trübe Gedanken   → Sorgen um die Familie
Arbeit/Beschäftigung → Hausarbeit
Ein langer Weg   → Das Ereignis tritt in etwa einem Jahr ein
Die Hoffnung/Großes Wasser → Sich nach einem erfüllten
                         Privatleben sehnen

Nr. 22

MILITÄRPERSON

Personenkarte
Eine Person, die Berufskleidung trägt (meistens – aber nicht immer – ein Mann), ein Mann mit Einfluß, ein Liebhaber

Behördenkarte
Polizei, Militär

Allgemein
In der nächsten Zeit müssen Sie sich mit der Staatsgewalt auseinandersetzen. Obwohl dies nicht zwangsläufig etwas Schlechtes bedeutet, kann der Umgang mit der Polizei oder dem Militär schon Ängste wecken. Vielleicht fühlen Sie sich auch einer medizinischen Behandlung ausgeliefert, wie es häufig bei schweren Krankheiten vorkommt. Suchen Sie sich Rat und Beistand, wenn Sie sich überfordert fühlen!

Liebe, Beziehung zu anderen Menschen
Eine Frau lernt einen neuen Liebhaber kennen. Die Militärperson beschreibt meistens den heimlich geliebten Mann. In jedem Fall findet die Begegnung mit einem uniformierten Mann statt.

Beruf, Besitz
Die Militärperson beschreibt Tätigkeiten bei Behörden oder Berufe, die eine spezielle Arbeitskleidung erfordern. Dies sind allerdings sehr viele! – Kleinere Zahlungen einer Behörde sind möglich.

„Militärperson" in Kombination mit ...

Ehestandskarte	→ Standesamtliche Trauung, Standesamt
Zusammenkunft	→ Verabredung mit einem „uniformierten" Menschen, z.B. Polizist, Briefträger, Krankenpfleger etc.
Guter Herr	→ Ein hochgestellter Mann in Berufskleidung
Gute Dame	→ Hochgestellte Frau in Berufskleidung
Angenehmer Brief	→ Ein positiver Behördenbescheid
Falsche Person	→ Ein Betrüger, er tarnt sich als Amtsinhaber.
Eine Veränderung	→ Neue Vorschriften
Eine Reise	→ Paßkontrolle, Zoll
Viel Geld gewinnen	→ Geld von einer Behörde
Reiches Mädchen	→ Kurze Liebesbeziehung, heimliche Liaison
Reicher guter Herr	→ Zivil- oder Militärdienst
Traurige Nachricht	→ Eingezogen werden
Guter Ausgang in der Liebe	→ Ein junger Liebhaber
Seine Gedanken	→ Starres Denken
Geschenk bekommen	→ Hilfe durch einen Uniformierten (z.B. Polizist)
Ein kleines Kind	→ Ein Kind gerät auf Abwege.
Ein Todesfall	→ Staatsgewalt, Krieg – Gefahr!
Haus	Kaserne
Wohnzimmer	→ Sein Zuhause absichern (z.B. Alarmanlage)
Gericht	→ Totalitärer Staat; alles ist vorgeschrieben.
Diebstahl	→ Der Diebstahl/das Verbrechen wird geahndet.
Zu hohen Ehren kommen	→ Karriere bei einer Behörde (mit Uniform)
Großes Glück	→ Alle amtlichen Angelegenheiten regeln sich günstig.

Unverhofftes Geld → Kleinere Nachzahlung
Erwartung → Einen Bescheid erwarten
Gefängnis → Haftstrafe
Gerichtsperson → Politiker mit Amt, Staatsmann
Kurze Krankheit → In Behandlung sein
Kummer und Widerwärtigkeiten → Angelegenheiten verlaufen
                                sehr ungünstig.
Trübe Gedanken → Angst vor der Polizei oder dem Militär
Arbeit/Beschäftigung → Beruf mit Uniform
Ein langer Weg → Ein gesetzloser Zustand dauert an.
Die Hoffnung/Großes Wasser → Auf Ordnung und Sicherheit
                                hoffen

Nr. 23

GERICHT

Immobilienkarte
Öffentliches Gebäude

Ereigniskarte
Prozeß, Gesetz, einschneidende amtliche Angelegenheit

Behördenkarte
Regierung

Allgemein
Wenn Sie bisher Ungerechtigkeit zu erdulden hatten, wird sich dies bald ändern. In einem Prozeß wird Ihnen Gerechtigkeit widerfahren. Es hängt natürlich von den Umständen ab, ob dies für Sie positiv ist. Jedenfalls stehen Behördengänge an, denen Sie sich nicht entziehen können.

Liebe, Beziehung zu anderen Menschen
Es ist eine Zeit, in der Sie abwägen, sich selbst beurteilen und Entscheidungen treffen. Sie sind mehr mit sich und Ihren Angelegenheiten beschäftigt als mit Ihren Freunden, Bekannten und Ihrer Familie.

Beruf, Besitz
Alle Besitzfragen brauchen juristische Abklärung. Berufliche Möglichkeiten finden Sie bei Behörden oder Ämtern. Allgemein ist am Arbeitsplatz Routine und Genauigkeit angesagt – wenn das

nicht Ihrem Geschmack entspricht, trösten Sie sich damit, daß nichts von Dauer ist.

„Gericht" in Kombination mit ...

Ehestandskarte	→ Scheidung, Unannehmlichkeiten amtlicher Art für die Familie
Zusammenkunft	→ Termin bei einem Amt oder einer juristischen Behörde
Guter Herr	→ Politiker
Gute Dame	→ Politikerin
Angenehmer Brief	→ Ein positives Urteil oder ein positives juristisches Papier
Falsche Person	→ Justizirrtum, ungerechtes Urteil
Eine Veränderung	→ Eine juristische Angelegenheit verändert alles.
Eine Reise	→ Visum, Einreisegenehmigung
Viel Geld gewinnen	→ Geld infolge eines Prozesses
Reiches Mädchen	→ Vormundschaftsgericht, Sorgerechtsbescheid
Reicher guter Herr	→ Gerecht beurteilt oder benotet werden
Traurige Nachricht	→ Ein Urteil bringt Schwierigkeiten.
Guter Ausgang in der Liebe	→ Streit läßt die Liebe bitter werden.
Seine Gedanken	→ Gerechtes Denken
Geschenk bekommen	→ Urteil zu Ihren Gunsten
Ein kleines Kind	→ Jugend- oder Familiengericht
Diebstahl	→ Kindesentführung möglich – Vorsicht!
Ein Todesfall	→ Gerechtigkeit erst nach dem Tod – Vorsicht!
Haus	→ Besitzfragen werden vor Gericht geregelt.
Wohnzimmer	→ Mit sich selbst ins Gericht gehen
Militärperson	→ Totalitärer Staat; alles ist vorgeschrieben.

Diebstahl → Der Diebstahl wird bestraft.

Zu hohen Ehren kommen → Karriere bei einem Amt

Großes Glück → Ein Gerichtsverfahren bringt Glück.

Unverhofftes Geld → Ein Urteil bewirkt eine Zahlung.

Erwartung → Gerechtigkeit erwarten

Gefängnis → Vor Gericht verurteilt werden

Gerichtsperson → Richter

Kurze Krankheit → Ein Prozeß macht krank.

Kummer und Widerwärtigkeiten → Ungerechter Prozeß

Trübe Gedanken → Schuldgefühle

Arbeit/Beschäftigung → Arbeit bei einer Behörde

Ein langer Weg → Ein Gerichtsverfahren zieht sich hin.

Die Hoffnung/Großes Wasser → Unbestechlich sein, sich nur dem
spirituellen Weg verpflichtet fühlen

Nr. 24

DIEBSTAHL

Personenkarte

Negative Person, männlich oder weiblich

Ereigniskarte

Verlust, Unwetter

Problemkarte

Katastrophe

Allgemein

Durch eine Person Ihrer Umgebung wird Ihnen etwas genommen. Oder sind Sie selbst gerade in unsaubere Machenschaften verstrickt? Überprüfen Sie Ihre Angelegenheiten, meiden Sie Betrug oder Menschen, die Ihnen unlautere Geschäfte anbieten. Vielleicht rauben Sie sich selbst auch die Gesundheit, z.B. durch schlechte Ernährung, Drogen, mangelnde Bewegung, zuviel Arbeit. Meiden Sie im Augenblick größere Anschaffungen, Sie würden Ihr Geld dabei verlieren.

Liebe, Beziehung zu anderen Menschen

Ihre Partnerschaft hindert Sie an Ihrer Entwicklung, es ist eine Beziehung, die Ihnen schadet. Ihr Bekanntenkreis zwingt Sie zu gesellschaftlichen Verpflichtungen, die Sie als Zeitverlust erleben. Manchmal brauchen wir solche schwierigen Zeiten, um zu erkennen, was uns wirklich gut tut. Denken Sie daran: Nichts muß so bleiben, wie es ist!

Beruf, Besitz

Sichern Sie Ihr Haus und Ihren Besitz ab, Sie könnten Opfer eines Einbruchs oder Diebstahls werden. Seien Sie sehr wachsam, auch mit Schmuck und Bargeld. Meiden Sie günstige Angebote: Es steckt Betrug dahinter. Und lassen Sie sich, so groß die Not auch sein mag, auf keinen Fall selbst zu einem Diebstahl oder zu unlauteren Geschäften hinreißen!

„Diebstahl" in Kombination mit ...

Ehestandskarte	→ Verlust entweder des Partners selbst oder seiner Liebe
Zusammenkunft	→ Eine Gesellschaft, die Zeit, Geld und Mühe kostet
Guter Herr	→ Mißgeschick, das schwer zu verhindern ist.
Gute Dame	→ Ein schwerer Schlag (seelisch)
Angenehmer Brief	→ Eine wichtige Nachricht geht verloren oder wird unterschlagen.
Falsche Person	→ Schlimmer Betrüger, Raubüberfall – Vorsicht!
Eine Veränderung	→ In Armut geraten
Eine Reise	→ Wertsachen im Hotelsafe einschließen, auf Kreditkarten und Geld besonders achten – Vorsicht!
Viel Geld gewinnen	→ Ruin
Reiches Mädchen	→ Naivität hat üble Folgen.
Reicher guter Herr	→ Um seinen Erfolg betrogen werden
Traurige Nachricht	→ Nachricht über einen Verlust; ein wichtiges Dokument geht verloren.
Guter Ausgang in der Liebe	→ Eine dritte Person raubt die Liebe des Partners.
Seine Gedanken	→ Geistiger Diebstahl – Vorsicht!

Geschenk bekommen → Jemand will Sie um eine Erbschaft
                        betrügen.
Ein kleines Kind   → Kindesentführung möglich – Vorsicht!
Ein Todesfall   → Raubmord möglich – Vorsicht!
Haus   → Einbruch möglich – Vorsicht!
Wohnzimmer   → Kleinerer Einbruch, etwas verlegt haben
Militärperson   → Ein Diebstahl/ein Verbrechen wird
                        geahndet.
Gericht   → Ein Diebstahl wird bestraft.
Zu hohen Ehren kommen → Auf unehrenhafte Weise zu Erfolg
                        kommen
Großes Glück   → Der Verlust ist letzten Endes ein Glück.
Erwartung   → Einen Verlust kommen sehen
Unverhofftes Geld   → Um eine Zahlung betrogen werden
Gefängnis   → Gefängnisstrafe, schwerwiegender Verlust
Gerichtsperson   → Staatsanwalt
Kurze Krankheit   → Genesung
Kummer und Widerwärtigkeiten → Über einen Verlust nicht
                        hinwegkommen
Trübe Gedanken   → Verlustängste
Arbeit/Beschäftigung → Illegale Arbeit
Ein langer Weg   → Ein schleichender Verlust
Die Hoffnung/Großes Wasser → Um der geistigen Entwicklung
                        willen die Armut wählen

Nr. 25

ZU HOHEN EHREN KOMMEN

Immobilienkarte
Großes Privatgebäude, z.B. Villa

Berufskarte
Gehobene Position

Nachrichtenkarte
Ehrung

Pflanzenkarte
Park

Allgemein

Diese Karte stellte ursprünglich die geistige Arbeit (im Gegensatz zur körperlichen) dar, erfaßt also heutzutage sehr viele Tätigkeitsbereiche. Zumindest in unserer Wohlstandsgesellschaft läßt sich daher beobachten, daß es sich bei der hohen Ehre um anspruchsvollere Einsatzbereiche im beruflichen Leben handelt. Diese Karte ist ein Verstärker – sämtliche Karten bzw. Ereignisse, welche die Motive darstellen, auf die sie sich bezieht, werden sicherlich eintreffen.

Liebe, Beziehung zu anderen Menschen

Sie sind der Mittelpunkt der Gemeinschaft, in der Sie leben, und Sie tragen diese Verantwortung mit Reife und Intelligenz. Ihnen geht es weniger um Ihr persönliches Glück als darum, daß sich alle Untergebenen oder Mitarbeiter, Freunde oder Familienmitglieder wohlfühlen und sich entwickeln.

Beruf, Besitz

Sie befinden sich auf dem Höhepunkt Ihrer Karriere. Alles, was Sie erreicht haben, verdanken Sie Ihrem eigenen unermüdlichen persönlichen Einsatz. Wenn Sie keine Führungsposition bekleiden, sind Sie wahrscheinlich selbständig, und dies mit großem Erfolg.

„Zu hohen Ehren kommen" in Kombination mit ...

Ehestandskarte	→ Gesellschaftlicher Aufstieg durch Ehe oder Partnerschaft
Zusammenkunft	→ Erfolgreiches berufliches Treffen
Guter Herr	→ Beförderung, hohe Position
Gute Dame	→ Förderung durch eine mächtige Frau
Angenehmer Brief	→ Beförderung, Ehrung, Auszeichnung
Falsche Person	→ Die falschen Menschen sind an der Macht.
Eine Veränderung	→ Ein Wechsel des Arbeitsplatzes bringt Erfolg.
Eine Reise	→ Erfolg durch Auslandsreisen, Diplomat
Viel Geld gewinnen	→ durch Geld in die „besseren Kreise" gelangen
Reiches Mädchen	→ Karriere in einem künstlerischen Beruf
Reicher guter Herr	→ Karriere in jungen Jahren
Traurige Nachricht	→ Eine zweifelhafte Ehrung
Guter Ausgang in der Liebe	→ Gesellschaftlicher Aufstieg durch eine Liebesbeziehung
Seine Gedanken	→ Erfindung, wissenschaftliche Entdeckung

Geschenk bekommen → Einen Orden oder eine Auszeichnung
erhalten

Ein kleines Kind → Ein hochbegabtes Kind

Ein Todesfall → Seiner Zeit voraus sein, Ruhm erst nach
dem Tod

Haus → Juristische Angelegenheiten um Ihr Haus

Wohnzimmer → Auszeichnung für ein Ehrenamt

Militärperson → Karriere bei einer Behörde (mit Uniform)

Gericht → Karriere bei einem Amt

Diebstahl → Auf unehrenhafte Weise zu Erfolg
kommen

Großes Glück → Was immer Sie anfangen, es gelingt.

Unverhofftes Geld → Der Erfolg bringt zusätzliches Geld mit
sich.

Erwartung → Guten Zeiten entgegensehen

Gefängnis → Große Ehre verknüpft mit drückender
Verantwortung

Gerichtsperson → Hoher Jurist oder Politiker

Kurze Krankheit → Vorübergehende Schwäche

Kummer und Widerwärtigkeiten → Sich durch nichts unterkriegen
lassen

Trübe Gedanken → Drückende Verantwortung

Arbeit/Beschäftigung → Die ganze Erfüllung im Beruf finden

Ein langer Weg → Erfolg im Alter

Die Hoffnung/Großes Wasser → Karriere im Ausland, spiritueller
Lehrer

Nr. 26

GROSSES GLÜCK

Glückskarte!
Das große Glück

Liebeskarte
Erfüllung

Geldkarte
Reichtum

Ereigniskarte
Glücksfall, glückliche Wende

Fortbewegungskarte
Flugzeug, Hubschrauber

Allgemein
Das große Glück ist eine wichtige Trumpfkarte. Sie mildert die Bedeutung ungünstiger Aussagen und gibt jedem Ereignis eine Wendung zum Guten.

Liebe, Beziehung zu anderen Menschen
Wenn Sie sich jetzt verlieben, ist es der Partner fürs Leben. Das Gleiche gilt für Freundschaften: Beziehungen, die im Augenblick geknüpft werden, halten ein Leben lang.

Beruf, Besitz
Sie werden die Arbeit bekommen, die Sie lieben und damit

viel Erfolg haben. Ihr Besitz vermehrt sich durch häufige Glücks-
fälle.

„Großes Glück" in Kombination mit ...

Ehestandskarte	→ Die große Liebe
Zusammenkunft	→ Alle Kontakte zu anderen Menschen bringen Glück.
Guter Herr	→ Erfolgreiche Begegnung mit einer wichtigen Persönlichkeit
Gute Dame	→ Glück durch die Mutter/Freundin/ Geliebte/Chefin
Angenehmer Brief	→ Ein Dokument verheißt sorgenfreie Zeiten.
Falsche Person	→ Illusion
Eine Veränderung	→ Veränderung bringt Glück.
Eine Reise	→ Glückliche Reise
Viel Geld gewinnen	→ Reichtum durch Gewinn/ohne eigenes Zutun
Reiches Mädchen	→ Alles ist gut!
Reicher guter Herr	→ Glück in Finanzangelegenheiten
Traurige Nachricht	→ Vorübergehende Probleme
Guter Ausgang in der Liebe	→ Der großen Liebe begegnen
Seine Gedanken	→ Geistige Erkenntnis
Geschenk bekommen	→ Eine lang anhaltende Glücksphase
Ein kleines Kind	→ Ersehntes Wunschkind
Ein Todesfall	→ Das Ende der Situation ist ein Segen.
Haus	→ Ihr Haus macht Sie glücklich.
Wohnzimmer	→ Nur zu Hause glücklich sein, glückliches Privatleben
Militärperson	→ Alle amtlichen Angelegenheiten regeln sich günstig.

Gericht	→ Ein Gerichtsverfahren bringt Glück.
Diebstahl	→ Ein Verlust ist letzten Endes ein Glück.
Zu hohen Ehren kommen	→ Was immer Sie anfangen, es gelingt.
Unverhofftes Geld	→ Eine willkommene Zahlung oder ein erfreulicher Gewinn
Erwartung	→ Positiv Denken bringt Glück.
Gefängnis	→ Vorübergehende Einengung, Schutz
Gerichtsperson	→ Ein Jurist verhilft zum Glück.
Kurze Krankheit	→ Gesundheit
Kummer und Widerwärtigkeiten	→ Kleine Verstimmung, aber guter Ausgang der Situation
Trübe Gedanken	→ Vorausschauendes Denken
Arbeit/Beschäftigung	→ Die Arbeit macht glücklich; Berufung.
Ein langer Weg	→ Eine sehr lange Glücksphase
Die Hoffnung/Großes Wasser	→ Unermeßlicher Reichtum

Nr. 27

UNVERHOFFTES GELD

Personenkarte

Finanzkräftiger Herr

Geldkarte

Kleinere Geldsumme

Nachrichten

Bücher, Schriftstücke

Behörde

Finanzamt

Allgemein

Wenn Sie sich in einer schwierigen Lage befinden, wird sie sich jetzt allmählich verbessern. Unerwartete Zuwendungen oder Auszahlungen, Überweisungen oder eine lang erwartete Rückerstattung bringen Geld ins Haus.

Oft genügt es, sein eigenes Denken umzupolen, und nicht mehr Mangel auszustrahlen! So kann es genauso gut sein, daß Sie lernen, das vorhandene Geld besser einzuteilen, und es Ihnen dadurch besser geht.

Liebe, Beziehung zu anderen Menschen

Nun fließt alles, was Sie anderen gegeben oder ausgeliehen haben, reichlich zu Ihnen zurück! Achten Sie darauf, auch ein guter Nehmer zu sein, um den Strom nicht einzudämmen.

Beruf, Besitz

Eine Gehaltserhöhung oder Versicherungsprämie, unerwartete Zins- oder Mieteinkünfte schaffen einen erfreulichen Überschuß, auch wenn es sich nicht um riesige Summen handelt. Jeder Vertrag, den Sie im Augenblick schließen, bringt Ihnen Gewinn. Vielleicht handelt es sich dabei um eine besser bezahlte Arbeit oder eine günstigere Wohnung.

„Unverhofftes Geld" in Kombination mit ...

Ehestandskarte	→ Zahlungen wie Steuererklärung, Kindergeld, Sozialhilfe etc. treffen ein.
Zusammenkunft	→ Andere Menschen verhelfen zu einer kleinen Geldsumme.
Guter Herr	→ Eine unerwartete Prämie/Zahlung
Gute Dame	→ Geldgeschenk
Angenehmer Brief	→ Nachricht über eine unerwartete Zahlung
Falsche Person	→ Verlust einer kleineren Summe
Eine Veränderung	→ Neue Geldquelle
Eine Reise	→ Urlaubsgeld, Sonderzahlung für die Reise
Viel Geld gewinnen	→ Steinreich
Reiches Mädchen	→ Geld für Unterhaltung
Reicher guter Herr	→ Unerwartete Prämie
Traurige Nachricht	→ Unerwartete Nachzahlung wird eingefordert.
Guter Ausgang in der Liebe	→ Eine liebe Person verhilft zu einem Vorteil.
Seine Gedanken	→ Streben nach mehr Geld
Geschenk bekommen	→ Geldgeschenk
Ein kleines Kind	→ Finanzielle Hilfe für ein Kind
Ein Todesfall	→ Kleine Erbschaft
Haus	→ Hilfe bei der Baufinanzierung

Wohnzimmer	→ Kleinere Anschaffung für die Wohnung
Militärperson	→ Kleinere Nachzahlung
Gericht	→ Ein Urteil bewirkt eine Zahlung.
Diebstahl	→ Um eine Zahlung betrogen werden
Zu hohen Ehren kommen	→ Der Erfolg bringt zusätzliches Geld mit sich.
Großes Glück	→ Eine willkommene Zahlung oder ein erfreulicher Gewinn
Erwartung	→ Eine Auszahlung läßt auf sich warten.
Gefängnis	→ Zu viele finanzielle Verpflichtungen
Gerichtsperson	→ Geld von einer Behörde
Kurze Krankheit	→ Rückzahlung von einer Krankenkasse, Krankengeld
Kummer und Widerwärtigkeiten	→ Kummer aufgrund von Mangel
Trübe Gedanken	→ Geldsorgen
Arbeit/Beschäftigung	→ Geringer bis mittlerer Verdienst
Ein langer Weg	→ Langfristiger Gewinn
Die Hoffnung/Großes Wasser	→ Viel Geld in Aussicht

Nr. 28

ERWARTUNG

Personenkarte
Frau mittleren Alters

Zeitkarte
Einige Monate

Allgemein

Die Erwartung kennzeichnet einen Zustand, in dem das Ersehnte noch ungewiß ist, jedenfalls aber auf sich warten läßt, so
beschreibt es das älteste Anleitungsbüchlein zu den Kipper-
Wahrsagekarten. Äußere Tätigkeit bringt selten etwas, allerdings
ist in manchen Fällen eine Vorbereitung noch nötig. Ansonsten gilt
es, Kraft zu schöpfen, sich seiner Wünsche und Absichten bewußt
zu werden, um diese im geeigneten Moment in die Tat umsetzen
zu können.

Liebe, Beziehung zu anderen Menschen

Sie sehnen sich nach Erfüllung in der Liebe – überlegen Sie,
was an Ihrem Verhalten dazu noch notwendig ist. Leben Sie zu-
rückgezogen, verhalten Sie sich eher zugeknöpft? Gehen Sie auf
andere Menschen zu, aktivieren Sie Ihre Freundschaften, und – haben Sie Geduld, denn erzwingen läßt sich die Bekanntschaft eines
Partners nicht.

Beruf, Besitz

Sie suchen nach einem Beruf, in dem Sie Erfüllung finden,
oder Sie wollen endlich zu mehr Wohlstand kommen. Es ist eine

Phase der Neuorientierung. Planen Sie Ihr Vorgehen, aber überstürzen Sie im Augenblick nichts.

„Erwartung" in Kombination mit ...

Ehestandskarte → Die Eheschließung läßt auf sich warten.

Zusammenkunft → Einem gesellschaftlichen Ereignis entgegenfiebern

Guter Herr → Hilfe von einem mächtigen Herrn erhoffen

Gute Dame → Abhängigkeit von der Mutter

Angenehmer Brief → Eine Nachricht sehnsüchtig erwarten

Falsche Person → Auf die falsche Person setzen, falsche Erwartungen bezüglich eines Menschen hegen

Eine Veränderung → Nichts für eine Veränderung tun

Eine Reise → Reisefieber

Viel Geld gewinnen → Eine Zahlung erwarten

Reiches Mädchen → Illusorische Erwartung

Reicher guter Herr → Auf eine Zusage oder einen Prüfungsbescheid warten

Traurige Nachricht → Etwas Negatives erwarten

Guter Ausgang in der Liebe → Auf die große Liebe warten

Seine Gedanken → Vor dem Handeln zurückschrecken, Passivität

Geschenk bekommen → Ein Geschenk erwarten

Ein kleines Kind → Schwangerschaft

Ein Todesfall → Eine Hoffnung oder Erwartung ist vergebens.

Haus → Hausbesitz anstreben

Wohnzimmer → Sich ins Privatleben zurückziehen

Militärperson → Einen Bescheid erwarten

Gericht	→ Gerechtigkeit erwarten
Diebstahl	→ Einen Verlust kommen sehen
Zu hohen Ehren kommen	→ Guten Zeiten entgegensehen
Großes Glück	→ Positiv Denken bringt Glück.
Unverhofftes Geld	→ Eine Auszahlung läßt auf sich warten
Gefängnis	→ Nichts Gutes erwarten, eingeschränkte Zukunftsvorstellung
Gerichtsperson	→ Einen juristischen Bescheid erwarten
Kurze Krankheit	→ Geplanter chirurgischer Eingriff, absehbare Krankheit
Kummer und Widerwärtigkeiten	→ Einer schwierigen Zeit entgegengehen
Trübe Gedanken	→ In Sorgen und Ängsten leben
Arbeit/Beschäftigung	→ Eine arbeitsreiche Zeit kommen sehen
Ein langer Weg	→ Diese Situation bleibt noch lange bestehen.
Die Hoffnung/Großes Wasser	→ Sich nach spirituellem Fortschritt sehnen

Nr. 29

GEFÄNGNIS

Immobilienkarte
Krankenhaus, Sanatorium

Behördenkarte
Strafvollzug, jede Art von Behörde, die
Verbote aussprechen kann

Zeitkarte
Stillstand

Problemkarte
Starrheit, Einschränkung

Allgemein

Gefängnis oder Unglück, so nannte Susanne Kipper diese Karte ursprünglich. Vielleicht ließe sich ihre Bedeutung am besten so formulieren: Das gegenwärtige Unglück besteht aus einem „sich eingeschlossen fühlen". Es sieht so aus, als gäbe es keinen Ausweg, und vielleicht wollen Sie im Augenblick auch gar keinen suchen. Das Gefängnis ist ein Zustand, den man selbst geschaffen hat (auch wenn es Ihnen jetzt nicht so erscheint), und aus dem man sich auch nur selbst wieder befreien kann. Manchmal beschreibt das Gefängnis aber auch nur ein öffentliches Gebäude.

Liebe, Beziehung zu anderen Menschen

Hier handelt es sich um Beziehungen mit einem starren, einschränkenden Verhaltensmuster – unabhängig davon, ob es sich um Freundschaften oder die Partnerschaft handelt. Neue Bekanntschaften gibt es zur Zeit keine, denn jetzt geht es erst einmal darum, das Alte abzuschließen und loszulassen. Überprüfen Sie Ihr Verhalten, Ihre Meinungen, bleiben Sie nicht starr bei etwas, nur weil es schon immer so war! Eigentlich halten Sie doch nur aus Angst und Unsicherheit so unbeugsam am Vergangenen fest. Nur Mut, größer als jetzt kann Ihre Einsamkeit nicht werden. Lassen Sie endlich wieder Bewegung in Ihr Leben kommen!

Es gibt zu dieser Karte noch einen speziellen Hinweis aus dem ersten Anleitungsbüchlein der Susanne Kipper. Dabei verweist das Gefängnis auf düstere Familiengeheimnisse, die offenbart werden und die ganze Familie in Schande bringen. Lassen Sie sich nicht von den Formulierungen aus der Kaiserzeit irritieren! Vielleicht wird Ihnen Ihre gegenwärtige Depression verständlicher, wenn Sie die Kraft finden, Licht in Ihre Familiengeschichte zu bringen. Seien Sie versichert: Verheimlichte Probleme, totgeschwiegene Personen, vertuschte Vorfälle gibt es in jeder Familie!

Beruf, Besitz

Gleich ob reich oder arm, Sie empfinden eine Einschränkung. Der Mangel liegt in Ihnen, deshalb bringen äußere Maßnahmen auch noch keinen Erfolg. Überprüfen Sie Ihre Lebensziele, wagen Sie es, auch einen Wechsel oder Neuanfang ins Auge zu fassen. Nichts muß so bleiben, wie es ist!

„Gefängnis" in Kombination mit ...

Ehestandskarte	→ Einengende Ehe oder Beziehung
Zusammenkunft	→ Zwang durch gesellschaftliche Konventionen
Guter Herr	→ Von einem autoritären Mann/Vater unterdrückt werden

Gute Dame	→	Von einer besitzergreifenden Frau/Mutter unterdrückt werden
Angenehmer Brief	→	Eine Nachricht bringt Einschränkungen und Verluste.
Falsche Person	→	Eine schwierige und gefährliche Lage – Vorsicht!
Eine Veränderung	→	Einer Veränderung ausgeliefert sein
Eine Reise	→	Eine Reise bringt Gefahr – besser nicht verreisen!
Viel Geld gewinnen	→	Geiz, Angst vor Besitzverlust
Reiches Mädchen	→	Als junger Mensch bevormundet und eingeschränkt werden
Reicher guter Herr	→	Keine Entwicklungsmöglichkeit
Traurige Nachricht	→	Sich vom Alltag erdrückt fühlen
Guter Ausgang in der Liebe	→	Eine einengende Beziehung
Seine Gedanken	→	Immer dasselbe denken, keinen Ausweg sehen
Geschenk bekommen	→	Ein Geschenk besser ablehnen
Ein kleines Kind	→	Sich von der Sorge um die Kinder erdrückt fühlen
Ein Todesfall	→	Eine gefährliche Situation, die nur von innen heraus gelöst werden kann (z.B. durch Meditation oder Gebet).
Haus	→	Sich im Haus eingesperrt fühlen
Wohnzimmer	→	Eine schwierige Zeit kommt auf Sie zu
Militärperson	→	Haftstrafe
Gericht	→	Vor Gericht verurteilt werden
Diebstahl	→	Gefängnisstrafe oder schwerwiegender Verlust
Zu hohen Ehren kommen	→	Große Ehre, aber mit drückender Verantwortung

Großes Glück	→ Vorübergehende Einengung, Schutz
Unverhofftes Geld	→ Zu viele finanzielle Verpflichtungen
Erwartung	→ Nichts Gutes erwarten, eingeschränkte Zukunftsvorstellung
Gerichtsperson	→ Unter Aufsicht stehen (z.B. Hausarrest)
Kurze Krankheit	→ Eine Krankheit hinterläßt eine körperliche Einschränkung.
Kummer und Widerwärtigkeiten	→ Eine schwere, bedrückende Zeit
Trübe Gedanken	→ Schwere Depression, Geisteskrankheit
Arbeit/Beschäftigung	→ Erzwungene Arbeit; eine Arbeit ohne Erfüllung, die nur dem Broterwerb dient.
Ein langer Weg	→ Es wird schwer sein, sich aus dieser Situation zu befreien.
Die Hoffnung/Großes Wasser	→ Freiwillige Askese für die geistige Entwicklung

Nr. 30

GERICHTSPERSON

Personenkarte

Person mit juristischer Tätigkeit, auch Politiker/in, gerechter Mensch (meistens – aber nicht immer – männlich).

Nachrichtenkarte

Ein juristischer Bescheid, z.B. eine Vorladung oder ein Urteil

Allgemein

Dies ist die zweite Karte, die mit dem Rechtswesen zu tun hat, wobei es sich bei der Gerichtsperson mehr um den juristischen Beistand handelt, also Anwälte, aber auch Staatsanwälte oder Gerichtsvollzieher. Es kann auch die politische Macht, also die Regierung, gemeint sein oder ein einzelner Politiker. Ein Mensch, der durch die Gerichtsperson dargestellt wird, ist jedenfalls bestimmend und richtend, wenn auch nicht unbedingt gerecht.

Liebe, Beziehung zu anderen Menschen

Sie sollten sich fragen, ob Sie zu den Menschen Ihres Umfelds gerecht sind. Überprüfen Sie, ob Sie nicht eines Ihrer Kinder bevorzugen und ein anderes vernachlässigen oder ablehnen. Vielleicht ertappen Sie sich dabei, wie Sie ständig über andere urteilen, oder Sie stellen fest, daß Sie von Ihrem Partner mehr verlangen, als Sie zu geben bereit sind. Es wäre gut, all dies wahrzunehmen, um es ändern zu können.

Beruf, Besitz

Wenn Sie mit Ämtern zu tun haben, seien Sie vorsichtig und sehr genau. Dies gilt auch, wenn Sie als Angestellter dort beschäftigt sind. Machen Sie sich von allen Gesprächen, auch den telefonischen, Notizen, und suchen Sie gegebenenfalls einen juristischen Beistand. Wenn Sie etwas verändern wollen, können Sie auch den politischen Weg einschlagen. Mit dieser Karte sollten Sie sich jedenfalls bemühen, bestehende Gesetze einzuhalten, auch wenn Sie diese ablehnen.

„Gerichtsperson" in Kombination mit ...

Ehestandskarte	→ Ehevertrag, Vertragsabschluß
Zusammenkunft	→ Treffen mit einem im Büro tätigen Menschen
Guter Herr	→ Jurist, Politiker
Gute Dame	→ Juristin, Politikerin
Angenehmer Brief	→ Positiver Bescheid eines Amtes
Falsche Person	→ Ein parteiischer Jurist, ein bestechlicher Politiker
Eine Veränderung	→ Eine Veränderung wird angeordnet.
Eine Reise	→ Juristische Angelegenheiten am Urlaubsort
Viel Geld gewinnen	→ Unterstützung in einer Geldangelegenheit
Reiches Mädchen	→ Unterstützung durch eine Behörde
Reicher guter Herr	→ Junger Jurist oder Politiker
Traurige Nachricht	→ Rechtlichen Beistand benötigen
Guter Ausgang in der Liebe	→ Eine dritte Person vermittelt zwischen den Partnern.
Seine Gedanken	→ Klares Denken
Geschenk bekommen	→ Hilfe durch einen Juristen oder Politiker
Ein kleines Kind	→ Vormund

Ein Todesfall → Juristische Hilfe ist nötig.

Haus → Notar oder Jurist, der beim Hauskauf mitwirkt.

Wohnzimmer → Vermieter, Hausverwalter

Militärperson → Politiker mit Amt, Staatsmann

Gericht → Richter

Diebstahl → Staatsanwalt

Zu hohen Ehren kommen → Hoher Jurist oder Politiker

Großes Glück → Ein Jurist verhilft zum Glück.

Unverhofftes Geld → Geld von einer Behörde

Erwartung → Einen juristischen Bescheid erwarten

Gefängnis → Unter behördlicher Aufsicht stehen (z.B. Hausarrest)

Kurze Krankheit → Einen Amtsarzt aufsuchen müssen

Kummer und Widerwärtigkeiten → Angeklagt werden

Trübe Gedanken → Sich einer juristischen (oder politischen) Schikane ausgeliefert fühlen

Arbeit/Beschäftigung → Arbeit bei einer juristischen oder Regierungsbehörde

Ein langer Weg → Langwierige Reformen oder langwieriger amtlicher Vorgang

Die Hoffnung/Großes Wasser → Ein gerechter Mensch

Nr. 31

KURZE KRANKHEIT

Personenkarte

Schwacher, eingeschränkter, kranker Mensch

Problemkarte

Gesundheitliche Probleme aller Art

Allgemein

Eigentlich hieß diese Karte nur „Krankheit". Aus dem Zusatz „nur kurz, wenn das Glück in der Nähe liegt" wurde dann der heutige Name. Der Begriff „kurze Krankheit" ist zwar positiver, aber es handelt sich hier doch um einen Zustand, der ernster genommen werden sollte als die leichteren Unpäßlichkeiten, die durch die Karte „Traurige Nachricht" erfaßt werden.

Etwas in ihrem Leben ist aus der Ordnung geraten, und dies kann sich in gesundheitlichen Beschwerden ebenso äußern wie in seelischer Mißstimmung. Versuchen Sie, die Ursachen herauszufinden, um sie aus dem Weg räumen zu können! Zögern Sie nicht, sich Hilfe bei guten Ärzten, erfahrenen Heilpraktikern oder vertrauenerweckenden Therapeuten zu holen.

Liebe, Beziehung zu anderen Menschen

Prüfen Sie, ob vielleicht Ihre Partnerschaft oder Ihr Freundeskreis der krankmachende Faktor in Ihrem Leben ist. Möglicherweise wäre eine Trennung dem Genesungsprozeß hilfreicher als langes „Herumdoktern" an kranken Beziehungen. Denken Sie mehr an sich, finden Sie heraus, was Sie zum Gesundwerden und -bleiben brauchen!

Beruf, Besitz

Wie heißt es doch im Volksmund: Gesundheit ist nicht alles, aber ohne Gesundheit ist alles nichts. Widmen Sie also Ihrem kostbarsten Gut, der Gesundheit, jede erdenkliche Aufmerksamkeit. Überprüfen Sie auch die Bedingungen an Ihrem Arbeitsplatz, vielleicht liegt dort die Ursache Ihres Unwohlseins.

„Kurze Krankheit" in Kombination mit ...

Ehestandskarte	→ Trübung der Beziehung oder ungewollte Trennung
Zusammenkunft	→ Krankenbesuch oder auch Ansteckung bei einem geselligen Anlaß
Guter Herr	→ Arzt, medizinisch tätiger Mann
Gute Dame	→ Ärztin, Krankenschwester
Angenehmer Brief	→ Eine Diagnose erweist keinen Krankheitsbefund.
Falsche Person	→ Krank durch Ärger, Mobbing, Liebeskummer
Eine Veränderung	→ Eine Krankheit verändert das Leben.
Eine Reise	→ Während einer Reise erkranken, z.B. durch Tropenkrankheiten
Viel Geld gewinnen	→ Eine Krankheit verursacht Kosten.
Reiches Mädchen	→ Sexuelle Probleme
Reicher guter Herr	→ Kränklicher junger Mann
Traurige Nachricht	→ Ernste Krankheit, ungünstiger Untersuchungsbefund
Guter Ausgang in der Liebe	→ Diese Beziehung macht Sie krank.
Seine Gedanken	→ Geistige Verwirrung
Geschenk bekommen	→ Genesung
Ein kleines Kind	→ Kinderkrankheit

Ein Todesfall	→ Ernste gesundheitliche Probleme – erfahrenen Facharzt aufsuchen!
Haus	→ Ein Gebäude macht krank; Krankenhaus.
Wohnzimmer	→ Bettlägerigkeit
Militärperson	→ In Behandlung sein
Gericht	→ Ein Prozeß macht krank.
Diebstahl	→ Genesung
Zu hohen Ehren kommen	→ Vorübergehende Schwäche
Großes Glück	→ Gesundheit
Unverhofftes Geld	→ Rückzahlung von einer Krankenkasse, Krankengeld
Erwartung	→ Geplanter chirurgischer Eingriff, absehbare Krankheit
Gefängnis	→ Eine Krankheit hinterläßt eine körperliche Einschränkung.
Gerichtsperson	→ Einen Amtsarzt aufsuchen müssen
Kummer und Widerwärtigkeiten	→ Krank durch Ärger oder Kummer
Trübe Gedanken	→ Organisch bedingte Depression (z.B. durch Hormone)
Arbeit/Beschäftigung	→ Arbeit im Gesundheitswesen
Ein langer Weg	→ Siechtum, keine Besserung in Sicht
Die Hoffnung/Großes Wasser	→ Heilmeditation

Nr. 32

KUMMER UND
WIDERWÄRTIGKEITEN

Personenkarte
Mann mit Problemen oder trauriger Mann

Problemkarte
Hindernisse und Schwierigkeiten

Allgemein
Die Vergangenheit und all ihre ungelösten Schwierigkeiten holen Sie ein. Sie erleben eine Phase der Trauer, der Sie nicht ausweichen sollten. Es ist eine heilsame Zeit, in der Sie vieles aufarbeiten und loslassen können.

Im ältesten Anleitungsbüchlein zu den Kipper-Wahrsagekarten ist genau angegeben, welche Karten die Auswirkung von „Kummer und Widerwärtigkeiten" aufheben können, nämlich „Das große Glück" und „Guter Ausgang in der Liebe". Die Probleme sind lediglich vorübergehender Natur. Bei den Karten „Guter Herr" und „Gute Dame" sowie bei „Angenehmer Brief" allerdings ist eigene Initiative zur Klärung der Lage notwendig.

Liebe, Beziehung zu anderen Menschen
Sie leiden unter Liebeskummer, sind dabei, eine Trennung zu verarbeiten oder wurden gerade schwer enttäuscht. Es ist nicht eben ein guter Moment, sich in Gesellschaft zu begeben. Auch der Tod eines lieben Menschen kann Schatten auf die Seele werfen. Haben Sie Geduld, die Zeit wird auch diese Wunden heilen. Öff-

nen Sie unterdessen wieder die Augen für die kleinen Freuden des Alltags.

Beruf, Besitz

Die Arbeit ist Ihnen eine Last, der Kontakt zu den Kollegen ist unerfreulich. Vielleicht läßt sich das so schnell nicht ändern, aber es muß keineswegs so bleiben. Schmieden Sie Pläne für die Zukunft!

„Kummer und Widerwärtigkeiten" in Kombination mit ...

Ehestandskarte	→ Sehr unglückliche Ehe
Zusammenkunft	→ Ärger oder Kummer mit Freunden oder Bekannten
Guter Herr	→ Vorübergehender Ärger mit Vorgesetzten und Familienmitgliedern, unbegründeter Liebeskummer (Mißverständnisse können geklärt werden)
Gute Dame	→ Vorübergehende Probleme mit der Mutter, unbegründeter Liebeskummer (Mißverständnisse können geklärt werden)
Angenehmer Brief	→ Schlechte Nachricht, aber ohne Auswirkung
Falsche Person	→ Lügen und Klatsch bekümmern Sie.
Eine Veränderung	→ Nachteilige Veränderung
Eine Reise	→ Eine Reise bringt nur Ärger – wenn möglich, treten Sie sie nicht an.
Viel Geld gewinnen	→ Geldsorgen
Reiches Mädchen	→ Eine schwere und unglückliche Jugend
Reicher guter Herr	→ Mißerfolg im Studium oder als Berufsanfänger
Traurige Nachricht	→ Sehr schwere Zeit, suchen Sie sich Hilfe!

Guter Ausgang in der Liebe	→ Eine Beziehung, die über viel Leid und Kummer zum Glück führt.
Seine Gedanken	→ Niedergeschlagenheit, Depression
Geschenk bekommen	→ Geschenke sind nur von kurzer Dauer, bzw. dienen einem Neuanfang.
Ein kleines Kind	→ Schwierigkeiten mit dem Kind
Ein Todesfall	→ Viel Ärger um einen Todesfall
Haus	→ Trauriges Zuhause
Wohnzimmer	→ Große Probleme im privaten Bereich
Militärperson	→ Angelegenheiten verlaufen sehr ungünstig.
Gericht	→ Ungerechter Prozeß
Diebstahl	→ Über einen Verlust nicht hinwegkommen
Zu hohen Ehren kommen	→ Sich durch nichts unterkriegen lassen
Großes Glück	→ Kleine Verstimmung, aber guter Ausgang der Situation
Unverhofftes Geld	→ Kummer aufgrund von Mangel
Erwartung	→ Einer schwierigen Zeit entgegengehen
Gefängnis	→ Eine schwere, bedrückende Zeit
Gerichtsperson	→ Angeklagt werden
Kurze Krankheit	→ Krank durch Ärger oder Kummer
Trübe Gedanken	→ Von Kummer und Sorgen gelähmt sein, keinen Ausweg sehen
Arbeit/Beschäftigung	→ Schlechter Arbeitsplatz, Ärger mit Vorgesetzten und Kollegen
Ein langer Weg	→ Eine lange Durststrecke
Die Hoffnung/Großes Wasser	→ Sich bewußt für andere opfern, willentlich zugunsten anderer auf sein persönliches Glück verzichten

Nr. 33

TRÜBE GEDANKEN

Personenkarte

Negativ denkender Mensch

Gesundheitskarte

Geschwächtes Immunsystem

Problemkarte

Warnung

Allgemein

Die moderne Ausdrucksweise lautet hier „negatives Denken". Warum erwarten Sie immer das Schlechteste und malen sich den ungünstigen Ausgang einer Lage bis in alle Einzelheiten aus? Ihre Gedanken erschaffen Ihre Wirklichkeit, und selbst wenn die Umstände wirklich widrig sind, werden sie durch negatives Denken nur noch erheblich verstärkt. Polen Sie die starke Gedankenkraft um, denken Sie positiv, dann ist der erste Schritt zum Besseren schnell getan.

Liebe, Beziehung zu anderen Menschen

Mißtrauen und Angst vor Enttäuschung halten Sie davon ab, tiefe Beziehungen zu anderen Menschen aufzubauen. Sie sind vereinsamt und deshalb verbittert. Nur Sie selbst können dies ändern! Nehmen Sie die Menschen, wie sie sind, erwarten Sie wenig, dann gibt es auch keine Enttäuschung.

Beruf, Besitz

Mit Geiz und übertriebener Sparsamkeit halten Sie Ihren Besitz zusammen. Im Beruf arbeiten Sie streng nach Vorschrift. So kann kein dauerhafter Erfolg entstehen!

„Trübe Gedanken" in Kombination mit ...

Ehestandskarte	→ Tote Beziehung, krankmachende Ehe
Zusammenkunft	→ Vereinsamung durch depressive oder negative Gedanken
Guter Herr	→ Sorgen wegen einem Vorgesetzten oder einer Behörde
Gute Dame	→ Seelische Erkrankung durch Mangel in der Kindheit
Angenehmer Brief	→ Nachricht nimmt Sorgen
Falsche Person	→ Depression, keinen Ausweg sehen
Eine Veränderung	→ Angst vor Veränderung oder vor dem Neuen
Eine Reise	→ Angst vor der Ferne
Viel Geld gewinnen	→ Reich, aber unglücklich
Reiches Mädchen	→ Der Jugendzeit nachtrauern
Reicher guter Herr	→ Angst zu versagen
Traurige Nachricht	→ Durch Krankheit bedingte Depression
Guter Ausgang in der Liebe	→ Fehlende Liebe macht depressiv
Seine Gedanken	→ Negativ denken
Geschenk bekommen	→ Unnötige Sorgen
Ein kleines Kind	→ Sorgen um die Kinder
Ein Todesfall	→ Trauer
Haus	→ Die Gedanken drehen sich im Kreis, eingefahrenes Denken
Wohnzimmer	→ Sorgen um die Familie
Militärperson	→ Angst vor der Polizei oder dem Militär
Gericht	→ Schuldgefühle
Diebstahl	→ Verlustängste

Zu hohen Ehren kommen → Drückende Verantwortung

Großes Glück → Vorausschauendes Denken

Unverhofftes Geld → Geldsorgen

Erwartung → In Sorgen und Ängsten leben

Gefängnis → Schwere Depression, Geisteskrankheit

Gerichtsperson → Sich einer juristischen (oder politischen) Schikane ausgeliefert fühlen

Kurze Krankheit → Organisch bedingte Depression (z.B. durch Hormone)

Kummer und Widerwärtigkeiten → Von Kummer und Sorgen gelähmt sein, keinen Ausweg sehen

Arbeit/Beschäftigung → Angst vor Arbeitslosigkeit

Ein langer Weg → Es bedarf konsequenter Anstrengung, um das Denken zu ändern.

Die Hoffnung/Großes Wasser → Trost im Gebet, die Hoffnung nie aufgeben

Nr. 34

Arbeit/Beschäftigung

Personenkarte
Ein einfacher Mensch, ein Angestellter

Berufskarte
Körperliche Arbeit, Beschäftigung in unterer oder mittlerer Position

Pflanzenkarte
Garten

Allgemein
Mit Ausdauer und Beharrlichkeit kommen Sie ans Ziel. Lassen Sie sich nicht entmutigen, wenn alles nur langsam vorangeht! Dafür ist das Ergebnis um so sicherer. Diese Karte weist auch auf eine Zeit hin, in der Sie sich stärker körperlich betätigen sollten, sei es durch Sport, Garten- oder Hausarbeit.

Liebe, Beziehung zu anderen Menschen
Sie setzen bei Freundschaften und in der Partnerschaft auf verläßliches Miteinander und gute Zusammenarbeit. Leidenschaft ist Ihnen eher fremd. Zu Susanne Kippers Zeit wies diese Karte auf eine solide Vernunftehe hin, und dies war damals eine durchaus erstrebenswerte Lebensform. Aber auch heutzutage wird Ihnen die Fähigkeit, Gefühle vernünftig einzuordnen und Probleme auf sachliche Art anzusprechen, sicher von großem Nutzen sein.

Beruf, Besitz

Ein sicherer Arbeitsplatz liegt Ihnen mehr als Karriere und Risiko. Und durch Ihre Gründlichkeit und Ihren Fleiß sind Sie ein durchaus geschätzter Mitarbeiter, obwohl Überstunden und endlose Einsatzbereitschaft keineswegs Ihre Sache sind. Auch in Geldangelegenheiten legen Sie Wert auf Sicherheit. Am liebsten investieren Sie in die eigenen vier Wände. Um das Arbeitsfeld genauer zu bestimmen, beachten Sie die Kombination mit anderen Karten.

„Arbeit/Beschäftigung" in Kombination mit ...

Ehestandskarte	→ Entweder Familienunternehmen oder mühsam aufrechterhaltene Ehe
Zusammenkunft	→ Teamarbeit, Vorbereitung einer größeren Feier
Guter Herr	→ Arbeit für einen Vorgesetzten
Gute Dame	→ Berufstätige Frau
Angenehmer Brief	→ Arbeit mit Schriftstücken
Falsche Person	→ Ärger mit Kollegen und Vorgesetzten
Eine Veränderung	→ Veränderungen am Arbeitsplatz
Eine Reise	→ Arbeitsplatz in der Tourismusbranche, beruflich unterwegs
Viel Geld gewinnen	→ Viel Geld verdienen
Reiches Mädchen	→ Ausbildung
Reicher guter Herr	→ Vielversprechender junger Mensch
Traurige Nachricht	→ Unerwünschte Versetzung
Guter Ausgang in der Liebe	→ Die Arbeit lieben
Seine Gedanken	→ Geistige Arbeit
Geschenk bekommen	→ Ihre Arbeit macht Ihnen Spaß.
Ein kleines Kind	→ Pädagogischer Beruf
Ein Todesfall	→ Ruhestand, evtl. Bestattungsinstitut
Haus	→ In einem Haus arbeiten

Wohnzimmer	→ Hausarbeit
Militärperson	→ Beruf mit Uniform
Gericht	→ Arbeit bei einer Behörde
Diebstahl	→ Illegale Arbeit
Zu hohen Ehren kommen	→ Die ganze Erfüllung im Beruf finden
Großes Glück	→ Die Arbeit macht glücklich, sie ist eine Berufung.
Unverhofftes Geld	→ Geringer bis mittlerer Verdienst
Erwartung	→ Eine arbeitsreiche Zeit kommen sehen
Gefängnis	→ Erzwungene Arbeit; die Arbeit dient nur zum Broterwerb.
Gerichtsperson	→ Arbeit bei einer juristischen oder Regierungsbehörde
Kurze Krankheit	→ Arbeit im Gesundheitswesen
Kummer und Widerwärtigkeiten	→ Schlechter Arbeitsplatz, Ärger mit Vorgesetzten und Kollegen
Trübe Gedanken	→ Angst vor Arbeitslosigkeit
Ein langer Weg	→ Arbeitsreiches Leben
Die Hoffnung/Großes Wasser	→ An seiner geistigen Entwicklung arbeiten

Nr. 35

EIN LANGER WEG

Fortbewegungskarte
Eine lange Reise

Zeitkarte
Mehrere Jahre

Pflanzenkarte
Bäume

Allgemein

Die erste Bedeutung, die diese Karte erfaßt, liegt, ganz wortgetreu, in der Überwindung einer größeren Distanz. Schon im ältesten Anleitungsbüchlein wird von Susanne Kipper darauf hingewiesen, daß es sich hier auch um eine längere Zeitspanne handeln kann. Dem Erfahrungswert der letzten 150 Jahre nach geht es dabei um mehrere Jahre, die es zur Realisierung einer Angelegenheit braucht oder die der gegenwärtige Zustand anhalten wird. Dabei können die verzögernden Faktoren in äußeren Umständen liegen, aber auch in der Schwierigkeit des Fragestellers, sich zugunsten einer Sache zu entscheiden.

Liebe, Beziehung zu anderen Menschen

Wenn Ihre Ehe oder Partnerschaft Sie glücklich macht, dann ist es gut, denn es wird so bleiben. Dasselbe gilt für einen Freundeskreis, er wird Ihnen erhalten bleiben, ohne daß Sie etwas ändern müssen. Ungünstig allerdings ist es, wenn Sie zur Zeit einsam und unglücklich sind: Auch dieser Zustand wird sich nicht über Nacht verwandeln lassen. Nutzen Sie diese Zeit, um zu verstehen, wie Sie in eine solche Lage kommen konnten. Lernen Sie daraus die Lektion, die das Leben Sie lehren will. So genutzt, wird dieses Problem in Ihrem Leben nicht mehr auftauchen.

Beruf, Besitz

Dies ist eine Phase der ruhigen Tätigkeit im Beruf. Sie wenden an, was Sie gelernt haben, und es braucht einige Jahre, bis sich daraus eine Beförderung oder eine sonstige Veränderung ergibt. Auch Ihr Vermögen bleibt Ihnen erhalten, großen Gewinn durch Aktien oder sonstige Geschäfte werden allerdings ebenfalls auf sich warten lassen.

„Ein langer Weg" in Kombination mit ...

Ehestandskarte	→ Liebesglück oder eine Ehe lassen auf sich warten bzw. bleiben erhalten.
Zusammenkunft	→ Das ersehnte Treffen wird wahrscheinlich nicht stattfinden.
Guter Herr	→ Ein schwer erreichbares Ziel
Gute Dame	→ Hindernde Gefühle
Angenehmer Brief	→ Eine Nachricht ist lange unterwegs.
Falsche Person	→ An den Widrigkeiten wachsen
Eine Veränderung	→ Eine sehr langwierige Veränderung
Eine Reise	→ Eine Reise ans andere Ende der Welt
Viel Geld gewinnen	→ Im Alter reich werden
Reiches Mädchen	→ Leichtsinn
Reicher guter Herr	→ Lehr- und Wanderjahre
Traurige Nachricht	→ Die Schwierigkeiten dauern noch eine Weile an.
Guter Ausgang in der Liebe	→ Diese Beziehung verlangt viel Einsatz.

Seine Gedanken	→ Um Erkenntnis ringen
Geschenk bekommen	→ Eine gute Zeit steht bevor
Ein kleines Kind	→ Kindererziehung
Ein Todesfall	→ Es dauert noch lange, bis die Sache ein Ende findet.
Haus	→ Ein Leben ohne Überraschungen
Wohnzimmer	→ Das Ereignis tritt in etwa einem Jahr ein.
Militärperson	→ Ein gesetzloser Zustand dauert an.
Gericht	→ Ein Gerichtsverfahren zieht sich hin.
Diebstahl	→ Ein schleichender Verlust
Zu hohen Ehren kommen	→ Erfolg im Alter
Großes Glück	→ Eine sehr lange Glücksphase
Unverhofftes Geld	→ Langfristiger Gewinn
Erwartung	→ Diese Situation bleibt noch lange bestehen.
Gefängnis	→ Es wird schwer sein, sich aus dieser Situation zu befreien.
Gerichtsperson	→ Langwierige Reformen oder langwieriger amtlicher Vorgang
Kurze Krankheit	→ Siechtum, keine Besserung in Sicht
Kummer und Widerwärtigkeiten	→ Eine lange Durststrecke
Trübe Gedanken	→ Es bedarf konsequenter Anstrengung, um das Denken zu ändern.
Arbeit/Beschäftigung	→ Arbeitsreiches Leben
Die Hoffnung/Großes Wasser	→ Auswandern ohne Wiederkehr

Nr. 36

DIE HOFFNUNG/
GROßES WASSER

Liebeskarte
Vertiefung der Gefühle

Fortbewegungskarte
Eine weite Reise, Auswandern/Schiff,
Boot

Karte der geistigen Entwicklung
Spiritualität

Allgemein
Diese Karte beschreibt alles, was Sie sich erhoffen. Es ist ein grundsätzlich positives Bild, das eine Verbesserung der Lage ankündigt. Außerdem weist die Karte "Die Hoffnung/Großes Wasser" auf weite Reisen hin, z.B. auf andere Kontinente, oder auch auf ein Verlassen des Heimatlandes. Weiterhin ist dies die einzige Karte, die speziell auf Spiritualität eingeht. Die Hoffnung sollte für Sie ein Hinweis sein, in Ihrem Leben mehr Raum für das Wesentliche zu schaffen.

Liebe, Beziehung zu anderen Menschen
Ihre Beziehungen erfahren eine Vertiefung der Gefühle oder auch des Gedankenaustausches. Möglicherweise haben Sie sich aber auch für eine Zeit des Alleinseins entschieden, um sich ganz Ihrer geistigen Entwicklung zu widmen.

Beruf, Besitz

Die Hoffnung kündigt in Bezug auf das Berufsleben eine große, einschneidende Veränderung an, die Sie aber sicherlich vor-
wärtsbringt. Es kann sein, daß Sie um einer beruflichen Chance
willen Ihren Wohnort verlassen oder gar auswandern.

„Hoffnung/Großes Wasser" in Kombination mit ...

Ehestandskarte	→ Hochzeit/Liebe in Aussicht
Zusammenkunft	→ Ein freudiges Wiedersehen ist in Aussicht.
Guter Herr	→ Geistlicher, spiritueller Mann
Gute Dame	→ Nonne, Geistliche, spirituelle Frau
Angenehmer Brief	→ Erkenntnis
Falsche Person	→ Ein Problem durch Meditation oder Gebet lösen
Eine Veränderung	→ Sich durch geistiges Streben verändern, spirituelle Berufung
Eine Reise	→ Reise durch Zeit und Raum (Phantasie)
Viel Geld gewinnen	→ Eine bessere berufliche Position erlangen
Reiches Mädchen	→ Wenig Bewußtsein für Lebensfragen
Reicher guter Herr	→ Intellektuell oder philosophisch interessier-ter, junger Mensch
Traurige Nachricht	→ Zuflucht im Gebet oder der Meditation suchen
Guter Ausgang in der Liebe	→ Liebe zu Gott, Zölibat
Seine Gedanken	→ Erleuchtung anstreben
Geschenk bekommen	→ Gnade
Ein kleines Kind	→ Innerlich geläutert sein, ein geistiger Neuanfang
Ein Todesfall	→ Einweihung
Haus	→ In sich selbst ruhen, nichts brauchen

Wohnzimmer	→ Sich nach einem erfüllten Privatleben sehnen
Militärperson	→ Auf Ordnung und Sicherheit hoffen
Gericht	→ Unbestechlichkeit, nur dem spirituellen Weg verpflichtet sein
Diebstahl	→ Um der geistigen Entwicklung willen die Armut wählen
Zu hohen Ehren kommen	→ Karriere im Ausland, spiritueller Lehrer
Großes Glück	→ Unermeßlicher Reichtum
Unverhofftes Geld	→ Viel Geld in Aussicht
Erwartung	→ Sich nach spirituellem Fortschritt sehnen
Gefängnis	→ Freiwillige Askese zur Förderung der geistigen Entwicklung
Gerichtsperson	→ Ein gerechter Mensch
Kurze Krankheit	→ Heilmeditation
Kummer und Widerwärtigkeiten	→ Sich bewußt für andere opfern, willentlich zugunsten anderer auf sein persönliches Glück verzichten
Trübe Gedanken	→ Trost im Gebet, die Hoffnung nie aufgeben
Arbeit/Beschäftigung	→ An seiner geistigen Entwicklung arbeiten
Ein langer Weg	→ Auswandern ohne Wiederkehr

Legemethoden

Nun haben Sie alle Informationen über die einzelnen Karten. Es ist ein spannendes Erlebnis, wenn diese einzelnen Elemente durch eine Legung zu einem sinnerfüllten Bild zusammengefügt werden. Durch eine Karte allein wird eine Frage selten zufriedenstellend beantwortet, obwohl dies natürlich vorkommen kann. Meistens spielen in einer problematischen Situation viele Menschen eine Rolle, und hier liegt eine der großen Stärken des vorliegenden Decks: Die Kipper-Wahrsagekarten verfügen über eine große Vielfalt von Personenkarten. Sie sind dadurch wahrscheinlich die „sozialsten" Wahrsagekarten überhaupt.

Scheuen Sie sich nicht, so oft und so lange die Bedeutung der Karten nachzuschlagen, bis sie Ihnen vertraut sind. Diese kleine Mühe wird durch genaue Antworten beim Legen belohnt. Da eine Lebenssituation üblicherweise eine geraume Zeit aufrechterhalten bleibt, ist es ganz natürlich, daß bei Ihnen eine ganze Weile immer wieder dieselben Karten in den Legungen auftauchen. Dafür kommen aber auch andere Motive hinzu, die Ihnen zunächst weniger vertraut sind.

Geduld ist der beste Lehrmeister. Durch den Gebrauch der Karten erlernen Sie deren Bedeutung dennoch wesentlich besser als durch Auswendiglernen. Jedenfalls ist es immer gut nachzuschlagen, wenn Sie sich unsicher fühlen. Dies ist eine Bescheidenheit, die Sie auch bei einem Menschen, der Ihnen die Karten deutet, schätzen sollten.

Wenn Sie nun mehrere Karten zu einem Legesystem auslegen, werden sämtliche Deutungsmöglichkeiten der einzelnen Motive und ihrer Kombinationen in Betracht gezogen. Deshalb ist es auch so wichtig, sich ausreichend Zeit zu nehmen. Wenn Ihnen die Möglichkeit fehlt, die Karten ausgebreitet liegenzulassen, dann schreiben Sie sich die Nummern im ausgelegten Muster auf, um sie später noch einmal zu betrachten. Selbst bei erfahrenen Kartenlegern kommt es vor, daß sie manchmal keine Antwort in den Karten finden – scheinbar! Meist schon am nächsten Tag, mit Sicherheit aber nach ein bis zwei Wochen läßt sich die Aussage der Karten sehr gut verstehen.

Natürlich gibt es für das Kartenlegen, wie bei jeder Tätigkeit, bessere und schlechtere Tage. Dies ist aber nicht der Grund für das oben geschilderte Phänomen! Manchmal sperrt sich der Verstand einfach gegen das, was durch die Karten mitgeteilt wird. Vor allem dann, wenn die Aussage so gar nicht unseren Wünschen und Vorstellungen entsprechen will. Da helfen am besten Erfahrungswerte, die das nötige Vertrauen in das Kartenorakel entwickeln. Im nachhinein ist meist sehr gut zu erkennen, was durch das Kartenbild ausgedrückt wurde!

Zurück zu den Deutungsmöglichkeiten. Wenn Sie beispielsweise die Karte „Reicher guter Herr" gezogen haben, dann handelt es sich zunächst als Personenkarte um einen jungen Mann. Dann gibt uns diese Karte aber auch noch einen Hinweis auf Geldangelegenheiten, Ausbildungsstand oder Familie. Und schließlich muß auch noch der Platz im Legesystem berücksichtigt werden. Auf diese Weise kommen die vielen Informationen zusammen, die einen Anfänger im Kartenlegen oft erstaunen.

In diesem Buch geht es um die Grundlagen der Deutung und die Technik der Legungen. Ganz ohne Zweifel gibt es beim Kartenorakel aber noch eine andere Dimension. Sie wird oft Intuition genannt, und entsteht bei entsprechender Veranlagung, aber auch durch viel Erfahrung! Und diese kann sich jeder erwerben. Dann werden Sie auf einmal genau wissen, welche der Deutungsmöglichkeiten die richtige ist. Die Intuition äußert sich meistens als der „erste Eindruck" beim Betrachten der ausgelegten Karten, und diesem sollten Sie immer große Beachtung schenken, selbst wenn Sie sich noch für einen Anfänger halten!

Die verschiedenen Legesysteme bauen im Schwierigkeitsgrad aufeinander auf. So werden Sie am besten im Üben vorankommen, wenn Sie eines nach dem anderen durcharbeiten. Auf diese Weise werden Sie auch bald herausfinden, mit welchem System Sie am besten arbeiten können. Die hier gesammelten Legungen sind speziell für die Kipper-Wahrsagekarten gebräuchlich und entstammen der Tradition des Volkes. Sie wurden von mir behutsam der heutigen Zeit angepaßt und passen eigentlich zu jeder Frage oder Lebenssituation.

Mit einiger Erfahrung können Sie aber auch die Legemethoden verwenden, die ich in meinen Büchern „Zigeuner-Wahrsagekarten" oder „Die Lenormand-Karten" dargestellt habe. Auf diese Weise haben Sie eine noch größere Vielfalt.

Die Vier

Die Vier ist ein einfaches System, das sich von den übrigen zu den Kipper-Wahrsagekarten überlieferten Legungen durch die geringe Kartenzahl unterscheidet. Erfahrene Kartendeuter erkennen bei der Benennung der Positionen oder „Häuser" die Verwandtschaft zum „Kleinen Kreuz"*. Die Vier erfordern eine klare Fragestellung. Deshalb ist diese Methode auch immer dann geeignet, wenn Sie für nur ein spezielles Problem die Lösung suchen. Die Vier ist für den Anfänger ein guter Einstieg und für den Fortgeschrittenen ein lohnenswertes Unterfangen, insbesondere, solange Sie mit der Bedeutung der Karten noch nicht ganz vertraut sind.

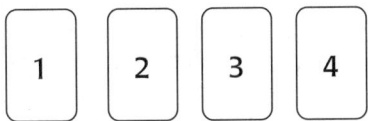

Bedeutung der Positionen

1. Darum geht es. (Die Frage oder das Problem)
2. Darum geht es nicht. (Ängste oder Hoffnungen, die nicht der Wirklichkeit entsprechen)
3. So ist es. (So sieht das Problem oder die Angelegenheit in Wirklichkeit aus)
4. So wird es sein. (So wird sich das Problem oder die Angelegenheit in Zukunft entwickeln.)

Wenn Sie die Karten entsprechend ihren Bedeutungen und in Zusammenhang mit der Position deuten, in der sie erscheinen, er-

*(siehe Anne L. Biwer: Zigeuner-Wahrsagekarten)

149

halten Sie die Antwort auf jede Frage. Wenn etwas unklar bleibt, nehmen Sie die Ihnen unverständliche Karte als Ausgang für eine neue Legung mit der Vier.

Beispiel für eine Deutung mit der Vier

Die Fragestellerin ist Antje (Name geändert), eine junge Frau Anfang zwanzig. Sie befindet sich in einem Zustand ziemlicher Gefühlsverwirrung. Dazu erzählt sie Folgendes: Vor etwa zwei Jahren, sie war damals noch mit ihrem langjährigen Jugendfreund zusammen, lernte sie einen Mann kennen, in den sie sich rasend und leidenschaftlich verliebte. Ihre Neigung wurde erwidert, und weil, wie sie sagt, der Verstand völlig ausgeschaltet war, machte sie sofort und recht unfreundlich mit dem Jugendfreund Schluß, um völlig frei für die neue Beziehung zu sein. Da allerdings gab es neben den Höhen bald beträchtliche Tiefen. Schließlich mußte sie feststellen, daß sie selbst nur die „Zweitfrau" war, auch ihr Geliebter steckte in einer langjährigen Bindung, welche er aber keineswegs zu beenden beabsichtigte. Nach einer qualvollen Zeit machte Antje Schluß mit ihrer großen Liebe, wie sie es nennt, nur um in ein noch tieferes Loch zu fallen. Ihre Freunde hatten sich von ihr distanziert, im Studium war sie in wichtigen Klausuren gescheitert, und sie mußte nun ganz allein diese schwierige Zeit durchstehen.

Eigentlich hat sie sich nun wieder stabilisiert, das Vordiplom steht an – da hat ein Anruf des Exgeliebten sie nach zwei Jahren wieder völlig aus der Fassung gebracht. Er könne sie einfach nicht vergessen, und wolle sich mit ihr treffen, um sich über seine Gefühle klar zu werden. Auf der einen Seite hat die Fragestellerin jedes Vertrauen in den Mann verloren, auf der anderen muß sie feststellen, daß sie sogleich wieder in den Strudel von Hoffnungen und Wünschen gerät. Und das macht ihr das Lernen für die Prüfung unmöglich. So befürchtet Antje, daß eine Begegnung zum gegenwärtigen Zeitpunkt dazu führen wird, daß sie am Vordiplom scheitert. Allerdings könnte es sich ja doch um einen Neuanfang handeln, und für ihre große Liebe sei ihr ein Opfer schon etwas wert ...

Zunächst muß hier eine klare Frage herausgearbeitet werden. Dies ist bei so starken Gefühlen nicht ganz einfach, da muß schon ein wenig Zeit und Geduld aufgebracht werden. Schließlich kann sich Antje zu folgender Formulierung durchringen:
Wird eine Begegnung zu einem glücklichen Wiederaufleben der Beziehung führen?

Bei einer Frage, die intensive Gefühle hervorruft, empfiehlt es sich, die Karten nach dem Mischen auf dem Tisch auszubreiten, sie noch einmal mit der linken Hand durchzumischen, und dann, ebenfalls mit links, die vier Karten für die Legung herauszuziehen. Bei Antje erscheinen folgende Karten.

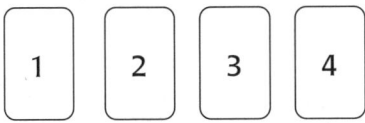

1: Nr. 8, Falsche Person
2: Nr. 24, Diebstahl
3: Nr. 16, Seine Gedanken
4: Nr. 2, Hauptperson

1. Darum geht es. (Die Frage oder das Problem)
Die Karte „Falsche Person" ist hier das Problem, um das es geht. Während Antje darin sofort die feste Freundin des Exgeliebten sieht,

muß ganz deutlich ausgesprochen werden, daß dies natürlich ein Aspekt der Antwort ist, aber nicht der wesentliche. Die falsche Person kann beiderlei Geschlechts sein, und Antjes dramatische und kummervolle Liebesgeschichte läßt daher mit größerer Sicherheit den Schluß aufkommen, daß dieser Mann einfach der falsche für unsere Fragestellerin ist. Die damalige Entscheidung, sich zurückzuziehen und Schluß zu machen, war also durchaus richtig.

2. Darum geht es nicht. (Ängste oder Hoffnungen, die nicht der Wirklichkeit entsprechen)

Die Karte „Diebstahl" ist hier ein interessanter Hinweis darauf, daß keine noch so falsche Person oder Beziehung der Fragenden etwas wegnehmen kann. Auf die konkrete Situation bezogen heißt dies, daß es Antjes Entscheidung ist, ob sie für die Prüfung lernt oder nicht, und ob sie ihre Freunde während einer möglichen Krise verliert. Schließlich genügt ja im letzteren Fall ein Hinweis, um Verständnis zu wecken, wenn sie sich eine Weile zurückzieht.

3. So ist es. (So sieht das Problem oder die Angelegenheit in Wirklichkeit aus)

Die Karte „Seine Gedanken" weist darauf hin, daß der Exfreund sich, genau wie er sagte, in einem Klärungsprozeß befindet. Er will wissen, was zwischen ihnen ist. Er käme also keineswegs mit einer klaren Entscheidung (etwa für die Beziehung) oder gar Hintergedanken zu dem gewünschten Treffen. Nimmt man hier die Deutung dieser Karte als Personenkarte hinzu, dann darf man in dem fraglichen jungen Mann eine durchaus ernsthafte Persönlichkeit sehen, die eher in Gedanken lebt. Möglicherweise fühlte er sich damals von den starken Gefühlen überfordert und konnte sich deshalb nicht eindeutig verhalten.

4. So wird es sein. (So wird sich das Problem oder die Angelegenheit in Zukunft entwickeln.)

Die Karte „Hauptperson" (weiblich) am Ende der Legung weist nun nicht auf ein klar umrissenes Ereignis hin. Es geht um einen Reifungsprozeß der jungen Frau, darum, daß sie zu sich selbst findet. Das Ziel wäre, daß es ihr gelingt, sich nicht als Opfer dieser Situation zu sehen, sondern klar zu entscheiden, was sie will, und was für sie gut ist.

Die Frage war: *Wird eine Begegnung zu einem glücklichen Wiederaufleben der Beziehung führen?* Die Antwort kann nur „Nein" lauten. Es geht für die beiden jungen Leute erst einmal darum, die unglückliche Beziehung aufzuarbeiten, sich darüber klar zu werden, was zwischen ihnen geschehen ist. Die schicksalhafte Lernaufgabe für unsere Fragestellerin besteht darin, sich selbst und ihre Bedürfnisse besser kennenzulernen.

Eine solche Antwort wirft, wie es bei kleinen Legungen häufig vorkommt, neue Fragen auf. Es wäre jetzt beispielsweise möglich, die letzte Karte als Ausgangspunkt für eine neue Legung der Vier zu nehmen. Da aber die Kipper-Wahrsagekarten gleich über zwei Legesysteme verfügen, die speziell um die Hauptpersonenkarte ausgelegt werden, entscheidet sich Antje hier für eine Arbeit mit der Neun, um mehr über sich selbst zu erfahren.

Die Neun

Die Neun ist eine ganz typische Legung für die Kipper-Wahrsagekarten. Damit können Sie hervorragend üben, mit den Hauptpersonenkarten zu arbeiten. Die jeweilige wird bei der Neun gleich zu Anfang in der Mitte der Legung plaziert, auf jener Position, die auf der Abbildung mit PK gekennzeichnet ist. Dann breiten Sie die übrigen für diese Legung gezogenen Karten auf den numerierten Plätzen aus.

Bei dieser Legung geht es darum, etwas über die Person zu erfahren, deshalb werden alle Karten in Bezug zur Hauptpersonenkarte gedeutet. Im Rücken der Hauptpersonenkarte liegt die Vergangenheit, das Unbewußte oder das Verborgene, und damit finden sich dort auch meistens die Probleme. Deshalb wurde auch in

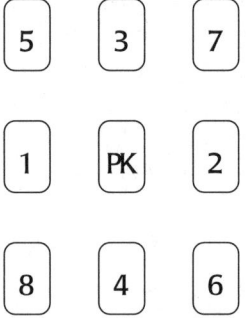

früheren Zeiten immer alles als schlecht betrachtet, was im Rücken der Personenkarte lag. Nach meiner Erfahrung hilft jedoch die hier dargestellte differenzierte Deutung dem Fragenden mehr.

Da der Rücken der Figur auf der männlichen Hauptpersonenkarte nach rechts zeigt, auf der weiblichen Hauptpersonenkarte dagegen nach links, erkläre ich die Bedeutung für einen männlichen oder weiblichen Fragenden gesondert.

Bedeutung der Positionen

- bei der männlichen
Hauptpersonenkarte

Das Denken

3: Was der Mann denkt, was
ihm bewußt ist

7: Was er verbirgt, was ihm
nicht bewußt ist

5: Was er in Zukunft denken
wird

Das Fühlen

2: Wen er heimlich liebt

1: Wen er offen liebt

Das Handeln

4: Das gegenwärtige Verhalten

6: Das vergangene oder
verheimlichte Verhalten,
das Problem

8: Das zukünftige Verhalten

- bei der weiblichen
Hauptpersonenkarte

Das Denken

3: Was die Frau denkt, was
ihr bewußt ist

5: Was sie verbirgt, was ihr
nicht bewußt ist

7: Was sie in Zukunft denken
wird

Das Fühlen

1: Wen sie heimlich liebt

2: Wen sie offen liebt

Das Handeln

4: Das gegenwärtige Verhalten

8: Das vergangene oder
verheimlichte Verhalten,
das Problem

6: Das zukünftige Verhalten

Beispiel für eine Deutung mit der Neun

Die Vier ergab für Antje als schicksalhafte „Lernaufgabe" aus der schwierigen Beziehung einen Reifungsprozeß ihrer Persönlichkeit. Dies ist bei einem jungen Menschen nicht so außergewöhnlich, ließ aber zunächst den Ausgang der Wiederbegegnung (der ursprünglichen Frage) für unsere Fragestellerin zu offen. Antje möchte nun, im Sinne des oben geschilderten Lernprozesses, die Neun bearbeiten, um mehr über sich selbst zu erfahren. Die dem Geschlecht des Fragenden entsprechende Hauptpersonenkarte wird vor dem Mischen aus dem Stapel gezogen und auf ihren Platz gelegt. Nach dem Mischen werden die Karten wie folgt ausgelegt:

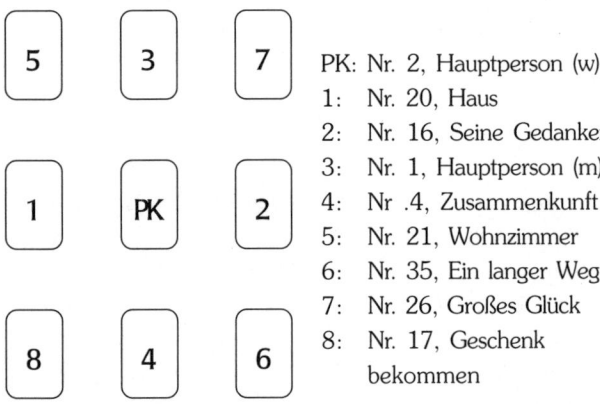

PK: Nr. 2, Hauptperson (w)
1: Nr. 20, Haus
2: Nr. 16, Seine Gedanken
3: Nr. 1, Hauptperson (m)
4: Nr .4, Zusammenkunft
5: Nr. 21, Wohnzimmer
6: Nr. 35, Ein langer Weg
7: Nr. 26, Großes Glück
8: Nr. 17, Geschenk
   bekommen

Wir stellen zunächst fest, daß sich beide Glückskarten (Großes Glück & Geschenk bekommen) im Legesystem befinden. Dies ist bei einer Legung mit so wenigen Karten außergewöhnlich. Wir können also davon ausgehen, daß Antje, was immer geschieht, es gut meistern wird.

Das Denken

3: Was die Frau denkt, was ihr bewußt ist
Hier liegt die männliche Hauptpersonenkarte. Antjes bewußtes Denken ist also darauf gerichtet, den Mann fürs Leben zu finden. Deshalb neigt sie auch dazu, alle anderen Lebensbereiche zu vernachlässigen, sobald sie glaubt, diesen Mann gefunden zu haben.

5: Was sie verbirgt, was ihr nicht bewußt ist
Die Karte „Wohnzimmer" bestätigt die aufgrund der Karte auf Position 3 gemachte Aussage: Antje sehnt sich nach der Sicherheit der engen, ausschließlichen Beziehung und vermutlich auch danach, eine Familie zu gründen. Vielleicht wäre ihr überhaupt ein konservatives Lebensmodell des Hausfrauen- und Mutterdaseins wesentlich lieber als der Durchsetzungskampf im Beruf. Das Wohnzimmer als Zeitkarte verrät an dieser Stelle auch, daß Antje recht ungeduldig auf die Erfüllung dieser Sehnsucht wartet.

7: Was sie in Zukunft denken wird
Hier liegt die Karte „Großes Glück". Dies ist eine wunderschöne Aussage: Antje wird sich zu einem wahrhaft optimistischen und positiven Menschen entwickeln, der vom Guten im Leben überzeugt ist.

Das Fühlen

1: Wen sie heimlich liebt
Hier haben wir die Karte „Haus". Antje wünscht sich also Sicherheit und Stabilität. Das betrifft sowohl Familienleben als auch Besitz.

2: Wen sie offen liebt
Hier sehen wir wieder die Karte „Seine Gedanken", die auch

in der vorherigen Legung erschien. Es ist ein Hinweis auf die Intensität der dort geschilderten Beziehung. Aber ein ernsthafter junger Mann wäre eigentlich auch denkbar als Antjes Partner, der ihre bereits offenbarten Ansprüche erfüllt.

Das Handeln

4: Das gegenwärtige Verhalten
Die Karte „Zusammenkunft" weist auf das geplante Treffen mit dem jungen Mann hin. Darüber hinaus erkennen wir, daß Antje im Augenblick, vielleicht sogar gegen ihre Natur, das typische gesellige Studentenleben führt.

8: Das vergangene oder verheimlichte Verhalten, das Problem
Die Karte „Geschenk bekommen" an dieser Stelle zeigt, daß Antje eine glückliche Kindheit und Jugend verlebte, mit vielen Geschwistern oder Freunden. Da ihr bisher das private Glück sozusagen in den Schoß fiel, erklärt sich ihre Ungeduld, aber auch ihre Fassungslosigkeit angesichts der gegenwärtigen Schwierigkeiten bzw. der Probleme, die sie während der Beziehung mit ihrem früheren Freund hatte.

6: Das zukünftige Verhalten
Die Karte „Ein langer Weg" schließlich ist an dieser Stelle eine erfreuliche Karte. Antje wird erkennen, daß sich ein stabiles und langfristiges Lebensglück in Ehe und Familie, wie sie es sich vorstellt, nicht von heute auf morgen erringen läßt.

Zusammenfassung

Antje wollte mehr über sich selbst erfahren, und folgendes haben wir mit der Neun über sie herausgefunden:

Antje verlebte eine glückliche Kindheit und Jugend und strebt als Lebensmodell eine stabile, Sicherheit gebende Beziehung an, gefolgt von der Gründung einer Familie, am liebsten im eigenen

Haus. Die Wahrscheinlichkeit, daß sie dieses Ziel auch erreicht, ist mit den beiden Glückskarten sehr hoch. Lernen muß sie aber, mit Geduld und Gelassenheit ihre gegenwärtige Situation zu meistern. Ein Partner fürs Leben findet sich nicht im Handumdrehen, und sich in dieser Wartezeit der Ausbildung und dem Beruf zu widmen, kann nur zur Reifung beitragen.

Antje fühlt sich mit dem Ergebnis der Legung der Neun zutiefst verstanden. Allerdings will sie nun, mehr noch als zuvor, genau wissen, ob sich der Einsatz für ein Wiederaufleben der Beziehung zu ihrem Exfreund noch lohnt. Sie möchte unbedingt eine Probe anschließen. Wir werden Antje also später, bei der Besprechung der Proben, wieder treffen.

Das Große Kreuz

Das Große Kreuz ist eine Erweiterung der Legung der Neun und dient ebenfalls dazu, etwas über sich selbst bzw. die Person des Fragestellers oder der Fragestellerin zu erfahren. Durch die Einteilung der Karten in Themengruppen erfahren Sie aber auch sehr viel über die Lebensumstände. Diese Legemethode ist im deutschsprachigen Raum ziemlich verbreitet. In der bereits erwähnten „Kunst des Kartenlegens" (G. Peters, 1899) wird sie als „ebenfalls für die Kipperkarte sehr geeignet" aufgeführt. Ich habe für dieses Buch die Formulierung der Themenbereiche unseren heutigen Bedürfnissen und Lebenssituationen angepaßt.

Auf Position 1, in die Mitte, wird, wie bei der Neun, die Hauptpersonenkarte gelegt – entsprechend dem Fragesteller die männliche oder weibliche. Die Karten werden nun vom Fragenden gemischt und nach dem folgend dargestellten Schema ausgelegt. Beim Deuten wird immer die mittlere Karte einer Dreiergruppe als Thema genommen, die Karten rechts und links dienen der Erläuterung des Umstands. Prüfen Sie also bei den Positionen 2, 3, 4, 5, zu welchem Themenbereich die Motive gehören, bei den Postitionen 7, 12, 8, 13, 9, 14, 10, 15 schlagen Sie bei den Kombinationen nach. Auch hier werden die Unterschiede je nach weiblicher oder männlicher Hauptpersonenkarte berücksichtigt.

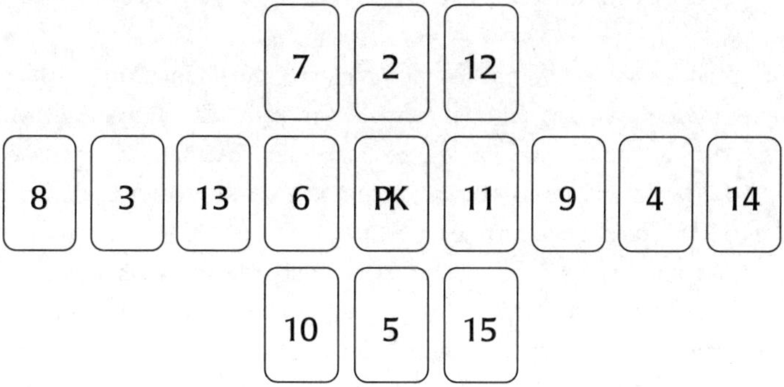
7
2
12
8
3
13
6
PK
11
9
4
14
10
5
15

Bedeutung der Kartengruppen

- bei der männlichen Hauptpersonenkarte 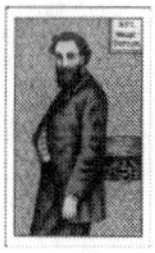

6 + 11: Erläuterung des Themas oder der Frage
6: Die Chance
11: Das Problem
2 + 7 + 12: Die Gedanken, d.h. Ziele, Ängste, Wünsche
5 + 10 + 15: Die Vergangenheit
4 + 9 + 14: Das Unbewußte, die Schwierigkeiten
8 + 3 + 13: Die Zukunft

- bei der weiblichen Hauptpersonenkarte 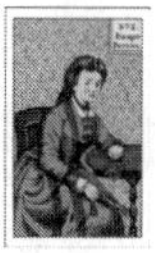

6 + 11: Erläuterung des Themas oder der Frage
6: Das Problem
11: Die Chance
2 + 7 + 12: Die Gedanken, d.h. Ziele, Ängste, Wünsche
5 + 10 + 15: Die Vergangenheit
8 + 3 + 13: Das Unbewußte, die Schwierigkeiten
4 + 9 + 14: Die Zukunft

Beispiel für eine Arbeit mit dem Großen Kreuz

Fragesteller ist Werner (Name geändert), ein Mann von 47 Jahren. Werner hat ein gesundheitliches Problem, das ein berufliches mit sich bringt. Er möchte etwas über seine Stärken und Schwächen erfahren, um sich neu zu orientieren, denn, wie er sagt, Grübeln oder Nachdenken ist seine Stärke nicht.

Werner hat sein Geld bisher als sportlicher Animateur in Ferienclubs verdient. Diese Arbeit hat ihm Spaß gemacht, weil er viel gereist ist und ständig neue Leute kennenlernte. Seine Ehe ist nach wenigen Jahren in die Brüche gegangen, er hat aber ein freundschaftliches Verhältnis zu seiner geschiedenen Frau und eine sehr gute Beziehung zu seinem einzigen Sohn, der bereits erwachsen ist. Eine Verletzung am Knie mit anschließender Operation hat Werner mehrere Monate zur Untätigkeit verdammt. Wenn er auch keine Geldsorgen hat, so fragt er sich jetzt doch, ob er seine bisherige Tätigkeit weiterführen kann, denn er kann sich nicht mehr so unbeschwert bewegen wie zuvor.

Das Große Kreuz ist für eine solche Lebenssituation besonders geeignet, weil es viel über die Themen eines Lebens aussagt. Nach dem Mischen erscheinen folgende Karten:

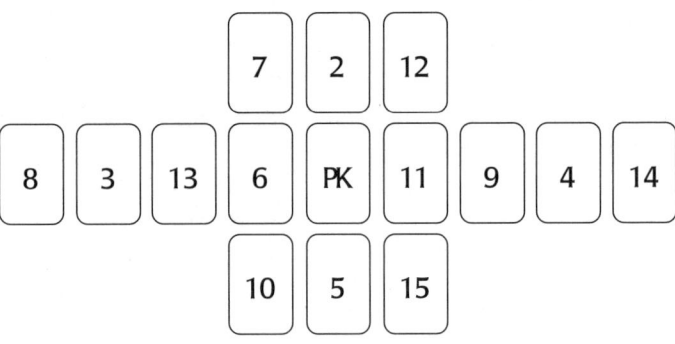

Die Personenkarte für Position 1, in diesem Fall die männliche Hauptperson, wird vor dem Mischen aus dem Kartenstapel gezogen und auf den Platz in der Mitte gelegt.

1: Nr. 1, Hauptperson (m)
2: Nr. 31, Kurze Krankheit
3: Nr. 13, Reicher guter Herr
4: Nr. 9, Eine Veränderung
5: Nr. 11, Viel Geld gewinnen
6: Nr. 35, Ein langer Weg
7: Nr. 24, Diebstahl
8: Nr. 17, Geschenk bekommen
9: Nr. 34, Arbeit/Beschäftigung
10: Nr. 10, Eine Reise
11: Nr. 29, Gefängnis
12: Nr. 33, Trübe Gedanken
13: Nr. 16, Seine Gedanken
14: Nr. 32, Kummer und Widerwärtigkeiten
15: Nr. 4, Zusammenkunft

Beim ersten Überblick fällt neben zahlreichen Problemkarten die „kleine" Glückskarte „Geschenk bekommen" im Themenbereich Zukunft auf, was in jedem Fall als günstiges Zeichen zu werten ist.

6 + 11: Erläuterung des Themas oder der Frage

6: *Die Chance*

Die Karte „Ein langer Weg", die auf einem günstigen Platz liegt, weist darauf hin, daß doch noch die Chance für eine vollständige Gesundung gegeben ist, auch wenn sich der Heilungsprozeß möglicherweise noch einige Jahre hinziehen wird.

11: Das Problem

"Gefängnis": Werner fühlt sich durch die Zeit der Operation und Rehabilitation im wahrsten Sinn des Wortes eingesperrt. Dieser Zustand muß ihm umso schlimmer vorkommen, als sein Beruf ja bisher aus Reisen und Sporttreiben bestand.

2 + 7 +12: Die Gedanken, d.h. Ziele, Ängste, Wünsche

Die Hauptkarte in dieser Gruppe ist "Kurze Krankheit", was keiner weiteren Erläuterung bedarf. Durch diese Krankheit fühlt sich Werner all seiner Möglichkeiten beraubt (Diebstahl), und er sieht keinen Ausweg (Trübe Gedanken).

5 + 10 + 15: Die Vergangenheit

In der Vergangenheit hat Werner sehr gut verdient (Viel Geld gewinnen), sein Leben war von Reisen (Eine Reise) und Geselligkeit (Zusammenkunft) geprägt, was bestätigt, was wir aus seiner Schilderung eingangs wissen.

4 + 9 + 14: Das Unbewußte, die Schwierigkeiten

"Eine Veränderung" + "Arbeit/Beschäftigung" + "Kummer und Widerwärtigkeiten": Es fällt Werner sehr schwer zu akzeptieren, daß sich nun etwas in seiner Lebensführung ändern muß. Er weiß wohl, daß er weiterhin arbeiten muß, befürchtet aber, daß ihm nun nichts so Spaß machen wird, wie bisher.

8 + 3 + 13: Die Zukunft

Die Karte "Reicher guter Herr" ist ein junger Mann, der unserem Fragesteller mit guten Ideen (Seine Gedanken) bei der Lösung des Problems helfen wird, und dies wird vom Glück gekrönt sein (Geschenk bekommen).

Dazu erklärt Werner ganz aufgeregt, daß sein Sohn ihm

geraten habe, ein Fitneßstudio mit einem gänzlich neuen Konzept zu eröffnen, und der Sohn habe auch Betriebswirtschaft gelernt (Seine Gedanken!), was ermögliche, alles gut zu planen. Geld habe Werner genug, weil er ja die vergangenen Jahre gut verdient und wenig ausgegeben habe. Nun, da sich zeige, daß diese Lösung offenbar die richtige sei, wolle er sich gleich mit dem Sohn zusammensetzen.

Zusammenfassung

Werner ging es darum, etwas über sich, seine Stärken und Schwächen, zu erfahren und über seine beruflichen Möglichkeiten. Im Gegensatz zu dieser Aussage zeigt sich, daß er sich sehr gut selbst einschätzen kann: Das Kartenbild stimmte in allem mit seinen Angaben überein.

Langfristig ist es durchaus möglich, daß Werner zur vollen Gesundheit zurückfindet. Die Herausforderung des Augenblicks liegt darin, mit der ungewohnten Einschränkung fertig zu werden, ohne in trübe Gedanken zu versinken. Mit einem neuen Ziel dürfte dies Werner bestimmt gelingen.

Die Zukunftsperspektive eines eigenen Fitneßstudios, möglicherweise mit neuer Konzeption, wie es der Sohn vorschlägt, scheint gut zu Werner zu passen. Er versteht sich, wie er eingangs sagte, sehr gut mit seinem Sohn, der überdies durch seine Ausbildung das an Wissen mitbringt, was Werner fehlt.

Ein wenig nachdenklich stimmt die Tatsache, daß in dem Kartenbild keinerlei Gefühlsbindung auftaucht, wenn man davon absieht, daß in der Vergangenheit wohl auch mehr oder weniger intensive Flirts (Zusammenkunft) zum Leben gehörten. Da aber Werner in dieser Hinsicht keine Frage äußerte, braucht die Tatsache, daß er wohl auch in Zukunft ohne Partnerin bleiben wird, auch nicht angesprochen zu werden.

Das Alte Spiel

Das Alte Spiel ist eine der faszinierendsten Legungen, mit denen ich je gearbeitet habe. Und sie ist, soviel ich weiß, noch nie schriftlich festgehalten worden. Da sich die Familientradition des Kartenlegens mit den Kipper-Wahrsagekarten zunehmend zu verlieren scheint, bin ich besonders froh darüber, diese Methode wieder einem größeren Personenkreis zugänglich machen zu können. Angeblich stammt das Alte Spiel von den Zigeunern. Wenn daran auch Zweifel bestehen müssen – denn echte Zigeuner gaben und geben ihr esoterisches Wissen nie an Seßhafte weiter – so handelt es sich aber sicherlich um eine sehr alte Legung.

Bei jedem anderen System wird ausgezählt und in einer vorgeschriebenen Art und Weise ausgelegt. Beim Alten Spiel hingegen geht es schon beim Austeilen und Mischen um eine intuitive Arbeitsweise und beim Deuten erst recht. Dennoch sollten Sie es auch als Anfänger einmal mit dem Alten Spiel versuchen. Selbst Intuition läßt sich schließlich üben!

Das Alte Spiel besteht aus drei Schritten, die allerdings auch für sich allein angewendet werden können. Ob alle Schritte oder jeder einzeln, das Spiel erfordert recht viel Zeit. Zum Üben empfiehlt es sich daher, das Ergebnis aufzuschreiben und es immer wieder einmal anhand der Ereignisse zu überprüfen.

Ursprünglich waren die Regeln, die das Alte Spiel bestimmten, sehr streng. Es wurde stets nur am ersten Freitag im Monat ausgelegt und dann auch nur für drei Fragesteller. Weiterhin durfte die Kartensitzung erst nach Sonnenuntergang begonnen werden, und elektrisches Licht bzw. andere elektrische Geräte mußten ausgeschaltet bleiben. Zudem durften die Karten nur auf einem blankgescheuerten Tisch ausgelegt werden, der auf keinen Fall mit einem Tischtuch bedeckt sein sollte. Manche Kartendeuter arbeiteten nur an Vollmond oder Neumond. Schon ohne diese letzte Bedingung ergaben sich so viele zeitliche Einschränkungen, daß unter den Interessenten das Los gezogen werden mußte. Wer nicht zu den drei Auserwählten gehörte, mußte das nächste Mal wiederkommen. Wahrscheinlich war man von daher froh, das Alte Spiel einmal im Leben gedeutet zu bekommen. Und vielleicht sollten wir, wenn uns diese Reglementierung heute auch fremd erscheint, doch mit dem gebotenen Respekt an die Arbeit gehen!

Wahrscheinlich stammt das Alte Spiel auch aus einer Zeit, in der viele Menschen über die zehn Finger hinaus nicht sicher zählen konnten! Versuchen Sie es mit den vorgestellten Methoden beim Austeilen, es ist erstaunlich, was alles geschehen kann, wenn auch wir für einen Augenblick unsere Zahlenkenntnisse beiseite lassen! Vielleicht kommt es Ihnen zu Anfang etwas schwierig vor, ohne Überlegung beliebig viele Karten zu ziehen, und dabei gleichzeitig die Einschränkung, die dafür gegeben wird, einzuhalten. Doch das ist Übungssache, und nach einer Weile klappt es aber wirklich wie von selbst! Bis dahin empfehle ich folgendes Vorgehen: Ziehen Sie beliebig viele Karten, und legen Sie diese in einer Reihe aus. Sind es mehr als erlaubt, werden die überzähligen einfach zurück in den Haufen gegeben, erneut durchgemischt, und dann verfahren Sie mit der zweiten Reihe ebenso. Wenn Fragesteller und Deuter nicht die gleiche Person sind, dann kann natürlich die deutende Person beispielsweise leise „genug" sagen, wenn die zulässige Kartenzahl erreicht ist.

Erster Schritt des Alten Spiels:
Vergangenheit, Gegenwart und Zukunft

Sie können diesen Schritt auch als eigenständige Legung bearbeiten.

Der Fragende mischt langsam und schweigend die Karten. Im Stillen zählt er dabei für sich die Wochentage auf, beginnend mit dem Samstag. Wenn der Fragende beim Freitag angekommen ist, legt er die Karten auf den Tisch (oder jede beliebige glatte Fläche). Die oberste Karte des Stapels wird verdeckt beiseite gelegt, es ist die „Schicksalskarte", die am Schluß gedeutet wird.

Die übrigen Karten werden verdeckt auf dem Tisch ausgebreitet. Der Fragende denkt jetzt an das, was er von seinem Leben wissen will, und vermischt die Karten auf dem Tisch mit der linken Hand. Ohne zu zählen, zieht er dann eine beliebige Anzahl Karten aus dem Haufen, allerdings nicht mehr, als Finger an beiden Händen sind. Diese Karten werden in einer Reihe angeordnet. Derselbe Vorgang wird zweimal wiederholt, so daß drei Reihen auf dem Tisch liegen – die eine ungleiche Kartenzahl haben sollten.

Die erste Reihe entspricht der Vergangenheit, diese wird in jedem Fall gedeutet. Die zweite Reihe steht für die Gegenwart, die dritte für die Zukunft. Bei den letzten beiden Reihen wird der Fragende vorher noch einmal gefragt, ob er sie gedeutet haben will, er kann also die Sitzung hier abbrechen, indem er diese Frage verneint.

Bei der Deutung der Reihen muß zunächst besonders bewertet werden, in welcher Reihe die Hauptpersonenkarte auftaucht – hier hat der Fragende die größte Einflußmöglichkeit. Erscheint die Hauptpersonenkarte gar nicht, dann erlebt die betreffende Person eine Zeit der Schwäche, in der andere Menschen oder Umstände über ihr Leben bestimmen. Ansonsten gehen Sie bei der Deutung der Karten nach den vorgegebenen Themenbereichen vor und beachten die Kombinationen, um die Karten zueinander in Beziehung zu setzen. Versuchen Sie auch zu ermitteln, wann die Ereignisse eintreffen werden. Dabei müssen Sie jede Bedeutung, die eine Karte haben kann, berücksichtigen. Schlagen Sie ruhig nach! Das Alte Spiel sollte sowieso auf keinen Fall schnell bearbeitet werden.

So könnte die Einteilung der Reihen aussehen:

Schicksalskarte

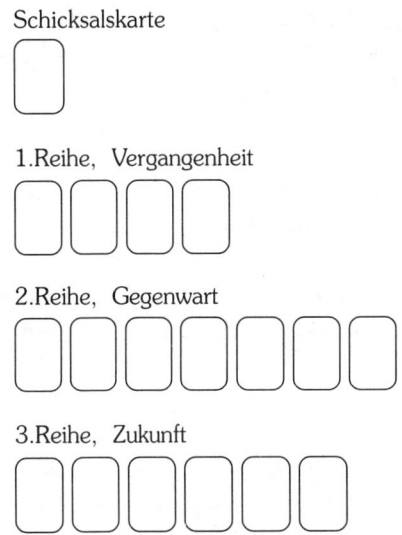

1.Reihe, Vergangenheit

2.Reihe, Gegenwart

3.Reihe, Zukunft

Nachdem die Reihen gedeutet sind, wird die Schicksalskarte aufgedeckt. Sie stellt einen Umstand oder ein Ereignis dar, dem nicht auszuweichen ist und der/das deshalb für den Fragenden eine besondere Bedeutung hat. Dieses Ereignis wird sicher auch in den Kartenreihen bereits aufgetaucht sein, deshalb ist die

Schicksalskarte meist als entscheidender Hinweis bzw. richtungweisende Erklärung zu verstehen.

Beispiel einer Deutung
mit dem Ersten Schritt des Alten Spiels:
Gegenwart, Vergangenheit und Zukunft

Bei so umfangreichen Legesystemen wie dem Alten Spiel kann die schriftliche Wiedergabe einer Deutung niemals vollständig sein – denn schließlich ist auch die Anzahl der Karten bei jedem Spiel verschieden! Verstehen Sie das Beispiel daher als Anregung für Ihre Arbeit.

Fragestellerin für diesen Teil des Alten Spiels ist Susanne (Name geändert). Susanne ist ca. 60 Jahre alt und mit ihrem Leben sehr unzufrieden. Ihre Ehe besteht seit langem nur noch als Wirtschaftsgemeinschaft. Wenn sie auch feststellen kann, daß es dadurch kaum noch zu Streitigkeiten zwischen ihr und ihrem Mann kommt, entspricht die Beziehung doch nicht gerade dem, was sie sich von einer Partnerschaft wünscht. Außerdem ist das Verhältnis zwischen ihr und ihren erwachsenen Kindern sehr schlecht, sie ist mit deren Lebensführung nicht einverstanden, und so geht man sich meist aus dem Weg. Ihr Beruf erscheint ihr noch das Beste in ihrem Leben, sie hat eine gut bezahlte Stelle als Chefsekretärin, ihre Arbeit wird geschätzt und mit den Kollegen kommt sie gut aus. Doch die Pensionierung ist in bedrohliche Nähe gerückt, und Susanne hat Angst vor dem großen Loch des Ruhestandes, wie sie es nennt. Susanne möchte zum einen wissen, wie ihr Leben in eine solche Sackgasse geraten konnte, braucht zum anderen aber vor allem einen Hinweis, was sie mit dem – bei einer Frau ja meist viele Jahrzehnte langen – Ruhestand anfangen soll.

Susanne mischt nach der vorgeschriebenen Art und zieht zunächst die Schicksalskarte vom Stapel, die beiseite gelegt wird. Dann werden die Karten auf dem Tisch vermischt und wie folgt ausgelegt:

Schicksalskarte

1.Reihe, Vergangenheit

2.Reihe, Gegenwart

3.Reihe, Zukunft

Schon auf den ersten Blick fällt hier das Ungleichgewicht der Reihen auf. Susanne wird also viel aus ihrer Vergangenheit erfahren , es liegen aber auch viele Karten in den Reihen der Zukunft. Lediglich die Gegenwart ist schwach besetzt. Susanne hat folgende Karten gezogen:

Schicksalskarte: Nr. 2, Hauptperson (w)

Reihe der Vergangenheit
   Nr. 3, Ehestandskarte; Nr. 1, Hauptperson (m); Nr. 21, Wohn-

zimmer; Nr. 33, Trübe Gedanken; Nr. 8, Falsche Person; Nr. 12, Reiches Mädchen; Nr. 22, Militärperson; Nr. 25, Zu hohen Ehren kommen

Reihe der Gegenwart
Nr. 24, Arbeit/Beschäftigung; Nr. 32, Kummer und Widerwärtigkeiten; Nr. 11, Viel Geld gewinnen

Reihe der Zukunft
Nr. 23, Gericht; Nr. 10, Eine Reise; Nr. 35, Ein langer Weg; Nr. 9, Eine Veränderung; Nr. 27, Unverhofftes Geld; Nr. 4, Zusammenkunft; Nr. 5, Guter Herr; Nr. 15, Guter Ausgang in der Liebe; Nr. 31, Kurze Krankheit; Nr. 19, Ein Todesfall

Deutung der Vergangenheitsreihe

Wir sehen zu Beginn der Reihe die Karte „Ehestand" und die männliche Hauptperson. Also war für Susanne die Ehe der bestimmende Lebensfaktor, und sie hat ihren Mann immer in den Mittelpunkt des Lebens gestellt. Aber die Unterdrückung bzw. Mißachtung ihrer Bedürfnisse (Gefängnis) zugunsten des engen Lebensraumes der Familie (Wohnzimmer) führte schon bald zu einer tiefen Verstimmung (Trübe Gedanken).

Dann sehen wir drei Personenkarten, zwei weibliche und eine männliche, die Kinder von Susanne. Die eine Tochter ist mit der Karte „Falsche Person" charakterisiert, also dürfte es sich um einen eher problematischen Charakter handeln. Die zweite Tochter (Reiches Mädchen) lebt noch recht unbekümmert, ohne an die Zukunft zu denken, der Sohn geht offenbar einer beruflichen Tätigkeit, vielleicht bei der Polizei (Militärperson) nach. Die Karte „Zu hohen Ehren kommen" kann nun sowohl darauf hindeuten, daß die drei Kinder Susannes noch reifen und zu beruflichem Erfolg kommen werden, es ist aber mit Sicherheit auch ein Hinweis auf die späte Wiederaufnahme der Berufstätigkeit von Susanne, welche ja sehr erfolgreich verlief.

Nun noch Hinweise, welche sich aus den Kombinationen ergeben. Die Frage, woran die Ehe von Susanne gescheitert ist, wird ja durch die Karten bislang nicht hinreichend erklärt. Da sie Familie und Ehemann in den Mittelpunkt rückte, hätte es ja auch gutgehen können! Durch die Karten „Falsche Person" und „Reiches Mädchen" erkennen wir das Wirken einer gefährlichen Rivalin, das bedeutet, eine Frau, der Susanne zunächst nicht gewachsen war, und der es gelang, ihren Mann an sich zu binden. Die Kombination von „Reiches Mädchen" und „Militärperson" weist zusätzlich auf kurzlebige Flirts hin. Vielleicht entsprach es ja überhaupt dem Lebenskonzept von Susannes Mann, neben der Sicherheit des häuslichen Rahmens immer noch anderswo nach „Anregung" zu suchen. Bezogen auf die Kinder sehen wir auch, daß der Sohn und die jüngere Tochter ebenfalls kurzlebige Flirts einer ernsten Beziehung vorziehen, was sich bei jungen Menschen allerdings noch verändern kann.

Nun ist in diesem Fall auch die Karte „Trübe Gedanken" als Person zu deuten. Susanne hat bestätigt, daß sie drei Kinder hat, und von festen Bindungen dieser nichts erwähnt. Dennoch liegt da eng bei der Tochter, welche als falsche Person charakterisiert war, ein depressiver junger Mann, und die Kombination der beiden Karten hat die Bedeutung „keinen Ausweg sehen". Außerdem weisen die trüben Gedanken auf ein geschwächtes Immunsystem hin. Es kann sich also entweder um eine Krankheit handeln, z.B. Aids, oder aber um Drogen, jedenfalls um eine ziemlich schwierige Situation für die Tochter. Auf Nachfrage, ob denn die Tochter durch einen jungen Mann in ernsthafte Schwierigkeiten geraten sei, erfahren wir von Susanne, daß diese Tochter mit einem Dealer zusammenlebt und keinerlei Kontakt zur Mutter mehr besteht.

173

Immerhin ist es möglich, daß der Kontakt zur zweiten Tochter aufrechterhalten wird, und diese das Geld, das sie von den Eltern fordert, ihrer Schwester gibt – eine Tatsache, die Susanne sehr nachdenklich und besorgt stimmt. Auch den Vorschlag, sich Rat bei ihrem Sohn zu holen, der bei der Polizei tätig ist, kann sie so nicht akzeptieren. Er sei viel zu leichtfertig.

Wir können die Deutung der Vergangenheit hier mit dem Rat abschließen, die Beziehung zu den Kindern noch einmal aufzuarbeiten bzw. diese nicht nur in einem negativen Licht zu sehen. Zumindest bei den Jüngeren kann durchaus noch eine gute Entwicklung erwartet werden. Das Verhältnis zu drogenabhängigen Verwandten allerdings bedarf gewiß einer fachmännischen Unterstützung, an der Susanne aber im Augenblick nicht interessiert ist.

Deutung der Gegenwartsreihe

Hier haben wir nur drei Karten, und zwar zunächst die Karte „Arbeit/Beschäftigung". Nun wissen wir ja, daß der Arbeitsplatz im Augenblick Susannes Lebensinhalt ausmacht. Dann folgt „Kummer und Widerwärtigkeiten", also wird es im Büro nicht so positiv bleiben, wie bisher. Die Endkarte „Viel Geld gewinnen" ist ein erstaunlicher Abschluß und kann nur so verstanden werden, daß das Geld als Folge von Kummer kommen wird, allerdings in beträchtlicher Höhe. Da wir lediglich den beruflichen Aspekt in dieser Reihe sehen, erscheint es wahrscheinlich, daß Susanne in den vorzeitigen Ruhestand versetzt wird, vielleicht mit einer großen Abfindung.

Dies erschüttert unsere Fragestellerin begreiflicherweise. Tatsächlich habe sie von Plänen gehört, die Belegschaft zu verjüngen, sei sich aber sicher gewesen, daß es sie nicht treffen könne. Realistisch erkennt sie allerdings, daß es ihr wohl wesentlich schwerer gefallen sei, auf EDV umzustellen und den PC zu gebrauchen, als es ihrem Chef gefallen habe. Die große Abfindung kann sie im

Augenblick keineswegs trösten, obwohl darin sowohl eine Würdigung ihrer Leistungen als auch der Grundstock für ein neues Lebenskonzept gegeben ist. Also will Susanne nun etwas von der Zukunft erfahren, von der sie sich im Augenblick nicht die geringste Vorstellung machen kann.

Deutung der Zukunftsreihe

Zu Beginn sehen wir mit den Karten „Gericht" und „Ein langer Weg" einen langwierigen Behördenweg. Dies kann sich sowohl auf die Ablösung von der Firma wie auf eine Scheidung beziehen, die von Susanne oder ihrem Mann endlich angegangen wird. Vielleicht gibt es aber auch eine zusätzliche Erklärung: Die Karten „Reise" und „Eine Veränderung" weisen darauf hin, daß sich Susanne ausgedehnte Reisen gönnen wird, mit dem Ziel einer Umsiedelung ins Ausland. Auch dies würde ja Behördengänge und vielleicht die Scheidung nach sich ziehen, da dann auch der letzte Zweck der gegenwärtigen Ehe, die Wirtschaftsgemeinschaft, zunichte gehen würde. Wieder folgt dann eine Geldkarte (Unverhofftes Geld), also wahrscheinlich die Auszahlung aus der Gütergemeinschaft der Ehe. Zumindest Geldsorgen werden Susanne nicht bedrücken! Sie wird sich wieder dem geselligen Leben öffnen (Zusammenkunft) und einen neuen Partner kennenlernen (Guter Herr), der wie sie auch reiferen Alters ist. Die Karte „Guter Ausgang in der Liebe" garantiert dieses Mal eine erfüllte Beziehung, die bis ins hohe Alter (Kurze Krankheit), vermutlich gar bis zum Lebensende (Ein Todesfall) halten wird.

Dieser schöne Ausblick stimmt Susanne euphorisch. Sie habe wirklich immer mit dem Gedanken gespielt, eine Tages „ins Warme" zu ziehen, vielleicht nach Spanien, und da dies offenbar zu verwirklichen sei, will sie nun nichts mehr aus den Karten wissen, was eventuell auf neue Probleme hindeuten könnte.

Aber die Schicksalskarte muß doch noch aufgedeckt werden.

175

Wir haben hier die weibliche Hauptpersonenkarte, die bisher in keiner der Reihen aufgetaucht war. Also geht es darum, daß Susanne ihr Leben endlich selbst in die Hand nimmt, und sich darum kümmert, ihren Wünschen und Bedürfnissen entsprechend zu leben, was in jedem Alter möglich ist. Dies ist ein sehr positiver Abschluß dieser Sitzung.

Zweiter Schritt des Alten Spiels: Für mich oder gegen mich

Auch diesen Schritt können Sie wiederum als ein eigenständiges Legesystem anwenden.

Der Fragende mischt wiederum die Karten und denkt dabei an die schicksalhafte Situation, die im ersten Schritt des Alten Spiels deutlich wurde und durch die Schicksalskarte besondere Erläuterung fand. Haben Sie den ersten Schritt nicht gelegt, dann denken Sie an die Lebenssituation, über die Sie etwas erfahren möchten.

Nach dem Mischen wird mit der linken Hand zweimal abgehoben. Nun liegen drei Kartenpakete auf dem Tisch. Von dem ersten wird nun wiederum eine beliebige Anzahl zu einer Reihe ausgelegt, allerdings nicht mehr, als Finger an einer Hand sind. Ebenso verfahren Sie mit dem zweiten und dem dritten Kartenpaket, so daß wiederum drei Reihen mit unterschiedlicher Kartenzahl auf dem Tisch liegen. Selbstverständlich ist auch eine gleiche Anzahl der Karten möglich! Wird aber wirklich rasch und ohne Überlegung ausgeteilt, dann sind die Reihen selten gleichmäßig lang.

Die erste Reihe heißt „Ich" und beschreibt, was der Fragende in die Lebenssituation einbringt, zu der er das Orakel befragt. Die zweite Reihe trägt die Überschrift „Gegen mich" und beschreibt alle Umstände oder Personen, die dem Fragenden bei der Bewältigung der Situation helfen oder beistehen. Die dritte Reihe heißt „Für mich" und erfaßt alle Umstände, die überwunden werden müssen, oder Personen, die mich bei der Bewältigung der fraglichen Lebenssituation eher behindern. Dies ist die traditionelle Reihenfolge.

Wenn in einer dieser Reihen die Hauptpersonenkarte (die mit dem Geschlecht des Fragenden übereinstimmt) auftaucht, dann werden natürlich alle Karten in Bezug auf diese Karte gedeutet. Allgemein ist das Erscheinen der Hauptpersonenkarte immer als günstig zu werten. Ansonsten deuten Sie die Karten wieder nach allen ihren möglichen Bedeutungen. Der Fragende darf die Reihenfolge, in der die Reihen aufgedeckt und gedeutet werden, selbst bestimmen. Mir erscheint es günstiger, die Reihe „Gegen mich" an erster oder zweiter Stelle zu deuten, denn es ist immer besser, eine Legung mit einer positiven Aussage abzuschließen.

So könnten die Reihen des zweiten Schrittes aussehen:

1. Reihe, Ich

2.Reihe, Gegen mich

3.Reihe, Für mich

Beispiel einer Deutung
mit dem zweiten Schritt des Alten Spiels:
Für mich oder gegen mich

Fragesteller ist Sascha (Name geändert), ein junger Mann Ende zwanzig, der einen Schritt nach vorn in seiner beruflichen Karriere anstrebt. Er hofft auf eine demnächst frei werdende Abteilungs-leiterstelle in seiner Firma, es gibt dafür aber einen Mitbewerber. Sascha wüßte nun gern, ob er auf diese Chance warten oder sich anders orientieren soll, da an seinem Arbeitsplatz in absehbarer Zeit keine höheren Positionen mehr verfügbar wären.

Nach dem Mischen erscheinen folgende Kartenreihen:

1.Reihe, Ich

2.Reihe, Gegen mich

3.Reihe, Für mich

1. Reihe
   Nr. 13, Reicher guter Herr

2. Reihe
   Nr. 29, Gefängnis; Nr. 21, Wohnzimmer; Nr. 5, Guter Herr; Nr. 32, Kummer und Widerwärtigkeiten; Nr. 27, Unverhofftes Geld

3. Reihe
   Nr. 33, Trübe Gedanken; Nr. 16, Seine Gedanken; Nr. 9, Eine Veränderung; Nr. 1, Hauptperson; Nr. 25, Zu hohen Ehren kommen

Deutung der 1. Reihe, Ich

Hier hat Sascha nur eine Karte gezogen, es ist „Reicher guter Herr". Ohne Zweifel ist dies eine günstige Beschreibung seiner Person, da es sich bei der Karte „Reicher guter Herr" um einen gut ausgebildeten, strebsamen und ernsten jungen Mann handelt. Der Hinweis auf die Jugend läßt aber erste Zweifel aufkommen, ob er die angestrebte Beförderung erreichen wird.

Deutung der 2. Reihe, Gegen mich

Wenn an dieser Stelle und bezogen auf Saschas Frage die Karte „Gefängnis" auftaucht, so können wir davon ausgehen, daß der Entscheidung der Vorgesetzten über die Beförderung ein enger Rahmen gesetzt ist. Wahrscheinlich steht es bereits fest, wer diese Stelle erhält. Die Karte „Wohnzimmer" deutet auf eine betriebsinterne Entscheidung, die in Kürze gefällt wird, es kommt also niemand von außerhalb auf diese Stelle.

Die Karte „Guter Herr" ist Saschas Konkurrent und damit derjenige, der den Posten erhalten wird. Dafür spricht die Personenbeschreibung der Karte: „Guter Herr" ist ein Mann mit Erfahrung, der älter und reifer ist und zur Firma gehört, wie allerdings auch Sascha. Während Sascha aber als Nachwuchstalent (Sohn) gesehen wird, gilt der Konkurrent als väterliche Person. Wahrscheinlich wartet dieser „Gute Herr" schon lange und durchaus berechtigt auf eine Beförderung, und dies ist auch der enge Spielraum der Firmenleitung.

Sascha wird, wie die entsprechende Karte sagt, „Kummer und Widerwärtigkeiten" erfahren, und die Tatsache, daß er dies nicht verbergen kann, wird ebenfalls gegen ihn und seine Reife gewertet werden. Dennoch erhält er einen Trostpreis, sozusagen, die Karte „Unverhofftes Geld" weist auf eine Gehaltserhöhung, mit der auch seine Leistungen gewürdigt werden.

Deutung der 3. Reihe, Für mich

Nun prüfen wir in dieser Reihe, ob vielleicht so viele Umstände für Sascha und seine Beförderung arbeiten, daß er sein Ziel doch noch erreichen kann.

Wenn entsprechend den Karten „Trübe Gedanken" für Sascha arbeiten, so werden ihn die Enttäuschung und die Einsicht, daß nicht alles nach seinen Wünschen verläuft, weiterbringen. Allzuviel jugendlicher Optimismus ist manchmal eben auch ein Problem! Aber Sascha lernt schnell, wie man an der Karte „Seine Gedanken" sehen kann. Er schätzt seine Fähigkeiten und Chancen realistisch ein und schmiedet neue Pläne, die er dann auch in die Tat umsetzt. Die Karte „Eine Veränderung" gibt einen sicheren Hinweis darauf, daß er anderswo seinen nächsten Karriereschritt erreichen wird. Dadurch reift er auch endgültig (Hauptperson [m]), lernt, sich in angemessener Weise durchzusetzen, und die Karte „Zu hohen Ehren kommen" zeigt an, daß er sein ehrgeiziges berufliches Ziel erreicht.

Diese Perspektive tröstet Sascha über die wahrscheinliche Niederlage hinweg, an die er aber noch nicht ganz glauben will.

Dritter Schritt des Alten Spiels:
Die Probe

Dieser Schritt ist als schnelle Kartenabfrage im Ernstfall zu verwenden bzw. als Rückbestätigung in Zweifelsfällen.

Die Proben sind zwar sehr einfach, aber trotzdem sollten sie nur mit Vorsicht angewendet werden. Die Antwort, die der Fragende erhält, entspricht einem Ja oder Nein, und dies ist zur Problemlösung meist nicht sonderlich geeignet. Im Alten Spiel wurde sie früher dann eingesetzt, wenn der Fragende mit dem Ergebnis der Deutung nicht einverstanden war. Die Antwort der Probe gilt als endgültig und kann durch keine andere Kartenaussage mehr widerrufen werden. War also die Aussage des Alten Spiels oder eines anderen Legesystems bisher eher ungünstig für ein Anliegen, dann muß der Fragende damit leben, wenn die Probe endgültig negativ ausfällt. Umgekehrt kann natürlich in der Probe auch der Hinweis auftauchen, daß alles wesentlich besser verläuft als angenommen. Wer das Kartenorakel ernst nimmt, wird aber mit einer solchen Umkehrung der Aussage nicht rechnen! Deshalb rate ich bei Unklarheiten, erst einmal eine Woche abzuwarten, dann die notierten Karten erneut auszulegen und den ersten Eindruck zu überprüfen. Meist werden Sie dann feststellen, daß alles gar nicht so düster aussah und dabei viele Lösungen entdecken!

Gut geeignet ist die Probe bei Umständen, die eine umfangreiche Legung unmöglich machen, also schicksalhafte „Ernstfälle", wo unbedingt ein rascher und klarer Hinweis gebraucht wird. Dann wird es wahrscheinlich auch leicht sein, sich dem unverrückbaren Ergebnis entsprechend zu verhalten.

Mischen Sie die Karten und denken dabei an Ihre Frage. Sprechen Sie dabei nicht, und lassen Sie sich auch nicht ablenken! Legen Sie dann die Karten (wenn möglich) auf den Tisch und ziehen Sie rasch und ohne nachzudenken beliebig viele Karten heraus, aber nicht mehr, als Sie Finger an beiden Händen haben (also maximal zehn). Ist kein Tisch zur Hand, behalten Sie die Karten in der rechten Hand, und ziehen Sie mit der linken die Karten aus dem Stapel. Nun decken Sie die Karten auf.

Die Deutungen bei der Probe sind entsprechend Ihres Zwecks eingeschränkt. Nachfolgend finden Sie die möglichen Antworten, zunächst die allgemeine Form, mit der alle Fragen beantwortet werden können, und dann zwei Beispiele, bei denen zu bestimmten Themenbereichen bestimmte Karten als Entscheidungskarten festgelegt werden.

Alle Art von Fragen

Finden sich unter den Karten „Großes Glück" und „Geschenk bekommen", dann lautet die Antwort auf jeden Fall „Ja", Sie werden erreichen oder bekommen, was Sie wollen. Ist nur die Karte „Großes Glück" unter den Karten, handelt es sich ebenfalls um ein uneingeschränktes „Ja". Wenn nur die Karte „Geschenk bekommen" daliegt, dann heißt die Antwort ebenfalls „Ja", aber es wird eine Weile dauern, bis das Erwünschte eintrifft. Wird keine der vorgenannten Karten gezogen wird, lautet die Antwort „Nein"; alle anderen Karten werden nicht gedeutet.

Beispiel Liebe

Bei einer Liebesangelegenheit muß die Karte „Guter Ausgang in der Liebe" erscheinen, sonst lautet die Antwort „Nein". Auch hier werden alle anderen Karten nicht gedeutet.

Beispiel Geld

Taucht die Karte „Viel Geld gewinnen" auf, so lautet die Antwort „Ja", wenn sich wenigstens „Unverhofftes Geld" unter den Karten befindet, wird sich die Situation nach und nach bessern. Sind beide Karten im Spiel, dann lauter die Antwort: „Ja, und zwar bald." Wird keine der vorgenannten Karten gezogen wird, lautet die Antwort „Nein"; alle anderen Karten werden nicht gedeutet.

Dies sind die drei gebräuchlichsten Formen, wobei die erste ebenso auf Geld oder Liebesfragen angewendet werden kann. Sie können sich natürlich auch für folgende Abwandlung entscheiden: Wenn Sie sich beispielsweise unsicher sind, ob Sie eine Reise antreten sollen, oder nicht, dann bestimmen Sie die Karte „Eine Reise" zur Entscheidungskarte. Ist sie bei den ausgelegten Karten nicht dabei, dann lautete die Antwort „Nein". Auf diese Weise können Sie mit jeder Themenkarte verfahren.

Eine Probe sollte möglichst nicht wiederholt werden. Ob Sie es nun wollen oder nicht, es gilt stets die Antwort der ersten Probe. So sagt es jedenfalls die Überlieferung.

Beispiel einer Deutung
mit dem dritten Schritt des Alten Spiels:
Die Probe

Hier also treffen wir Antje aus den Legungen der Vier und der Neun wieder, die nun endgültig erfahren will, ob ihr die Begegnung mit ihrer früheren Liebe Glück bringen wird. Die Tatsache, daß das Ergebnis der Probe als letzte Deutung zu diesem Thema gesehen werden muß, schreckt Antje nicht ab. Im Gegenteil, sie meint, sie würde dann eher zur Ruhe kommen, egal, wie die Antwort ausfiele.

Antje entscheidet sich für die Probe zum Thema „Liebe". Sie mischt die Karten in der vorgeschriebenen Art und Weise und zieht die zulässige Anzahl heraus. Der „Gute Ausgang in der Liebe" ist nicht dabei, also lautet die Antwort auf ihre Frage endgültig „Nein"!

Der Jahreskreis

Diese Legung ist ein sehr aufschlußreiches Orakel zur Einstimmung auf ein bevorstehendes (Kalender-/Lebens-/Firmen-)Jahr. Es ist wesentlich aussagekräftiger als z.B. Bleigießen und wäre wie geschaffen für einen ersten Auftritt in der Öffentlichkeit, nachdem Sie dieses Buch durchgearbeitet haben.

Der Jahreskreis wird innerhalb der dreizehn Heiligen Nächte ausgelegt, also zwischen dem 25. Dezember im alten und dem 6. Januar im neuen Jahr. Die Nacht von Silvester zum 1. Januar ist natürlich besonders gut dafür geeignet, allerdings sollten Sie unbedingt die Grundregel beherzigen, den Jahreskreis nur dann für gute Freunde oder Familienmitglieder zu deuten, wenn sowohl Sie als auch der Fragende nüchtern sind. Wie Sie sich erinnern, gibt es unter dem Einfluß von Rauschmitteln kein richtiges, d.h. zutreffendes Ergebnis, und ein solches Arbeiten wäre der Mühe nicht wert.

Beim Jahreskreis wird zunächst die dem Geschlecht des Fragenden entsprechende Hauptpersonenkarte aus dem Spiel genommen und in der Mitte des zu legenden Kreises plaziert. Anschließend werden die Karten vom Fragenden gemischt und auf dem Tisch ausgebreitet. Nun zieht er rasch und ohne nachzudenken zunächst eine Karte, die verdeckt beiseite gelegt wird, es ist die „Beistandskarte" (Erläuterung folgt später). Danach werden die Karten noch einmal mit der linken Hand auf dem Tisch durcheinander gemischt und in rascher Reihenfolge zwölf Karten daraus gezogen. Diese werden wie folgt ausgelegt:

Beistandskarte

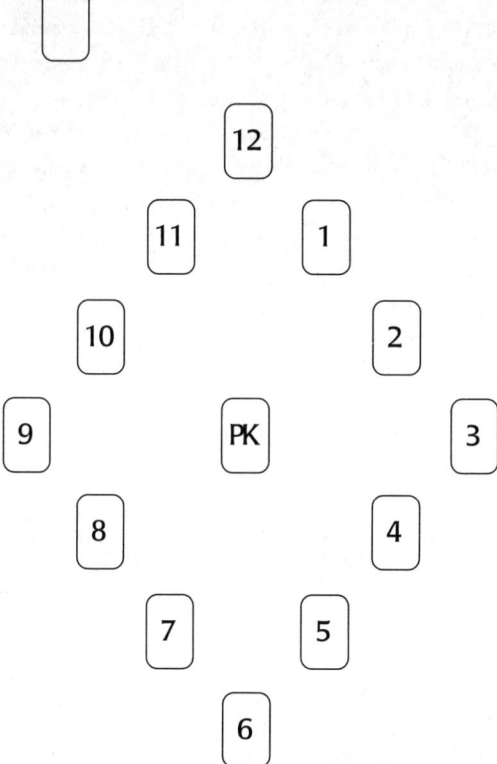

Bedeutung der Positionen

1: Januar	4: April	7: Juli	10: Oktober
2: Februar	5: Mai	8: August	11: November
3: März	6: Juni	9: September	12: Dezember

185

Sie deuten nun die Karten, die in die Monatshäuser fallen, vor allem nach den Themenbereichen, denen sie zugeordnet sind. Lassen Sie Ihrer Intuition dabei freien Lauf, und beziehen Sie alle Deutungsmöglichkeiten ein, die Ihnen richtig erscheinen!

Kommt es dem Fragenden so vor, als sei ein Monat besonders negativ geprägt, darf die (→) Beistandskarte auf diese Monatskarte gelegt werden. Auf diese Weise erfährt der Fragende, was ihm bei der Bewältigung dieser schwierigen Wochen helfen wird. Sind mehr als sieben Monate mit „schlechten" Karten besetzt, so darf das Jahresorakel an einem anderen Tag der dreizehn Heiligen Nächte wiederholt werden. Meistens war dann eben doch ein wenig Alkohol mit im Spiel! Wenn sich allerdings die schwierige Vorhersage bestätigt, sollten noch andere Legesysteme angewendet werden, um zu erfahren, wie die Herausforderung des neuen Jahres am besten gemeistert werden kann.

Beispiel einer Legung mit dem Jahreskreis

Die Fragende ist hier Elly (Name geändert), eine Frau Mitte dreißig. Von ihr erfahren wir nur, daß sie im neuen Jahr den Mann ihres Lebens kennenlernen möchte und Interesse an der Entwicklung ihrer Geldangelegenheiten hat. Manchmal weiß man beim Neujahrsorakel noch wesentlich weniger von den fragenden Personen, es kann aber genauso gut sein, daß sie Freunden oder Familienmitgliedern einen Jahreskreis deuten möchten. Es ist hier aber auch gar nicht notwendig, eine Frage herauszuarbeiten, das Thema, die Entwicklung des Neuen Jahres, ist ja klar vorgegeben. Meist tragen die Fragenden wie beim vorliegenden Beispiel auch während der Arbeit durch ihre Wünsche und Hinweise etwas zur Deutung des Jahreskreises bei.

Die weibliche Hauptpersonenkarte für Elly wird vor dem Mischen aus dem Stapel gezogen und in die Mitte des Kreises gelegt. Nach dem Mischen zieht Elly die Beistandskarte, sowie die Jahreskarten für die kommenden Monate. Es erscheinen folgende Karten:

Beistandskarte: Guter Herr

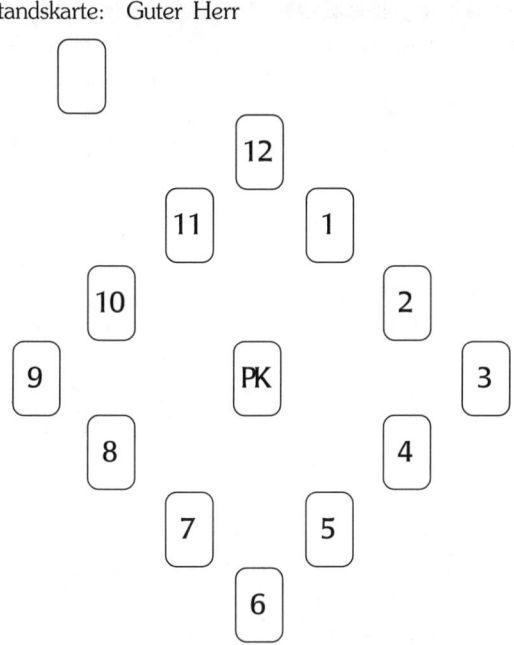

1, Januar: Nr. 33, Trübe Gedanken

Der Januar verspricht zunächst nichts Besonderes, die Karte „Trübe Gedanken" weist darauf hin, daß sich Elly niedergeschlagen fühlt. Sie meint, der naßkalte Winter läge ihr ganz und gar nicht.

2, Februar: Nr. 21, Wohnzimmer

Auch im Februar beschränkt sich Elly weitgehend auf den privaten Rahmen, doch immerhin ist es gut möglich, daß sie es sich jetzt in ihrer Wohnung gemütlich macht. Elly dagegen spekuliert auf kleinere Faschingsfeiern bei guten Freunden, was auch eine mögliche Aussage ist.

3, März: Nr. 32, Kummer und Widerwärtigkeiten

Der März, so zeigt es der Überblick, wird der unangenehmste Monat im kommenden Jahr. Kummer und Ärgernisse häufen sich und hinterlassen ihre Spuren in Ellys Gemütsleben. Elly will gleich die Beistandskarte auf diesen Monat legen, es ist der Gute Herr. Elly vermutet Geldschwierigkeiten und hat in diesen Fällen, aber auch bei anderen Widrigkeiten, immer Hilfe bei ihrem Vater gefunden.

4, April: Nr. 27, Unverhofftes Geld

Hier werden unerwartete Zahlungen Anlaß zur Freude geben und finanzielle Erleichterung bringen. Elly erwartet in diesem Monat bereits die Auszahlung ihres Lohnsteuerjahresausgleichs und erhofft sich in der Tat eine größere Nachzahlung.

5, Mai: Nr. 17, Geschenk bekommen

Im Mai hat Elly Geburtstag, wie sie lachend zugibt, und es werden allerlei erfreuliche Ereignisse und angenehme Erlebnisse auf sie zukommen, während die Sonne in ihrem Geburtssternzeichen steht.

6, Juni: Nr. 22, Militärperson

Hier gibt es den ersten Hinweis auf eine neue Liebschaft. Wenn es sich auch nicht unbedingt um einen Offizier handeln muß, so wird es jedenfalls ein Liebhaber sein, der vorzeigbar ist (fescher Soldat hieß das früher!). Eine ernstere Bindung sollte Elly aber mit der Militärperson noch nicht erwarten.

7, Juli: Nr. 35, Ein langer Weg

Der Lange Weg gibt hier zu denken. Im Sommermonat wird
Elly möglicherweise die Zeit lang. Vielleicht aber wird ihr nun
klar, daß manche Dinge eben ihre Zeit brauchen. Darauf freut
sich nun Elly überhaupt nicht, denn sie meint, sie warte nun
schon lange genug auf den „Richtigen".

8, August: Nr.10, Eine Reise

Eine Urlaubsreise steht an! Wenn wir von ihrem Verlauf auch
nichts erfahren, so dürfen wir es doch als ein grundsätzlich
positives Ereignis werten. Dem stimmt Elly zu, wenn sie genug
Geld für Ferien habe, dann müsse es ihr zweifellos gutgehen.

9, September: Nr. 34, Arbeit/Beschäftigung

Daß nach dem Urlaub Arbeit ansteht, ist eigentlich nichts
Ungewöhnliches. Elly aber hofft, daß sie einen neuen Job
findet, denn sie möchte sich verändern.

10, Oktober: Nr. 36, Die Hoffnung/Großes Wasser

Eine große Hoffnung tut sich auf – vielleicht durch die neue
Stelle, möglicherweise auch durch eine Umwandlung der
bisherigen Denkweise. Das ist Elly nun zu mystisch, sie vermutet eher, daß sie einen interessanten Mann kennenlernt.

11, November: Nr. 13, Reicher guter Herr

Hier finden wir tatsächlich eine weitere männliche Person,
einen jungen Mann der entweder studiert hat oder im Bankge-
werbe beschäftigt ist, jedenfalls ein ernsthafter jüngerer
Kandidat.

12, Dezember: Nr. 15, Guter Ausgang in der Liebe

Was gibt es da noch zu deuten? Ellys Wunsch scheint sich im
Dezember des kommenden Jahres tatsächlich noch zu erfüllen.
Ob mit dem reichen jungen Herrn oder einer anderen Person
ist zwar nicht ganz gewiß, aber dies interessiert die überglückli-
che Elly schon nicht mehr.

Schlußwort

Wer hat schon eine Großmutter, gar einen Onkel oder sonstige Verwandte, die das Kartenlegen noch anwenden und weitergeben können? Die beiden Weltkriege haben zahllose Familien auseinandergerissen, und die geforderte Beweglichkeit der heutigen Berufswelt tut das ihrige hinzu. Die meisten wissen gar nicht, ob so etwas wie ein Orakel jemals in der Familientradition gelebt hat, weil sie kaum Kontakt mit Großmüttern oder gar der Generation der Urgroßmütter (gehabt) haben.

Wenn Sie Interesse am und Neigung zum Kartenlegen haben, können Sie recht sicher sein, daß sich irgendwo in Ihrer Ahnenreihe schon einmal jemand mit diesen Themen befaßt hat. Vielleicht geht es Ihnen auch so wie mir: Wohl gab es, weit vom Wohnort meiner Kindheit entfernt, eine Großmutter, die sich mit dem Kartenorakel befaßte, aber bis ich alt genug war, mich selbst damit zu beschäftigen, und sie wirklich kennenzulernen, war sie leider längst verstorben.

Heute nun kann jeder, unabhängig von einer bestehenden Tradition, lernen, mit den Kipper-Wahrsagekarten die Zukunft zu deuten, die Vergangenheit zu verarbeiten, die Gegenwart zu begreifen! Dazu habe ich für Sie zuvor nie zusammengestelltes oder gar aufgeschriebenes Wissen gesammelt und leicht verständlich aufgearbeitet. Mit diesem Buch sind auch Sie bald ein Könner auf dem Gebiet der Kipper-Wahrsagekarten!

Quellenangabe

- „Ein Losbuch des Konrad Bollstatters" 1474; aus Cgm der Bayerischen Staatsbibliothek München, Faksimile. Wiesbaden, 1973
- „Anleitungsbüchlein der berühmten Wahrsagerin Frau Kipper", beigefügt den Karten, 1890
- „Die Kunst des Kartenlegens" von G. Peters. Mühlheim an der Ruhr, 1899
- „Ein mittelalterliches Wahrsagespiel, Konrad Bollstatters Losbuch" kommentiert von Karin Schneider. Wiesbaden, 1978
- „Wahrsagekarten" von Detlef Hoffmann und Erika Kroppenstedt, Katalog zur Ausstellung in Bielefeld, 1972
- „Kartenlegen" von B. Mertz. Niedernhausen, 1985
- „Die Kipper-Wahrsagekarten, Band I+II" von Hildegard Leiding. Darmstadt, 1995
- „Wahrsagen mit Kipper-Wahrsagekarten" von Christine Vogel. München, 1997
- „Zigeuner-Wahrsagekarten" von Anne L. Biwer. Darmstadt, 1999

Für ihre Hinweise danke ich herzlich
den Mitarbeitern
des Schloß- und Spielkartenmuseums Altenburg,
des Deutschen Spielkarten-Museums Leinfelden-Echterdingen,
der Spielkartenfabrik Altenburg,
der Archive der Städte München, Nürnberg, Landshut, Ingolstadt,
Eichstätt, Berlin,
des Bayrischen Wirtschaftsarchivs
sowie
einem international bekannten Sammler esoterischer Karten in Wien,
einer privaten Kartenbesitzerin in München
und natürlich
den vielen Damen und den beiden Herren, die mich so freundlich in
der Kunst des Kartenlegens mit den Kipper-Wahrsagekarten unterrichteten!

Altenburger
Kipper-
Wahrsagekarten
36 farbige Karten, 57 x 89 mm
€ 7,60/sFr 14,30*
ISBN 3-89767-124-7

Weitere Titel der Autorin im  Schirner Verlag

Anne L. Biwer
Die Lenormand-Karten
Deutungen und Legemethoden
173 S., 154 s/w-Abb., Paperback
€ 10,50 [D]/sFr 19,–
ISBN 3-930944-96-0

Anne L. Biwer
Zigeuner-Wahrsagekarten
Kartenlegen für Einsteiger
153 S., 52 s/w-Abb., Paperback
€ 10,50 [D]/sFr 19,–
ISBN 3-930944-68-5

Piatnik
Mlle Lenormand
Wahrsagekarten
36 farbige Karten, 57 x 89 mm
€ 7,60/sFr 14,85*
ISBN 3-89767-029-1

ASS
Lenormand
Wahrsagekarten

• *mit Kartenbildern*
ISBN 3-89767-028-3

Piatnik
Zigeuner-Wahrsagekarten
36 farbige Karten, 57 x 89 mm
€ 6,60/sFr 12,90*
ISBN 3-930944-77-4

• *mit Versen*
ISBN 3-89767-078-X

jeweils 36 farbige Karten,
57 x 89 mm
€ 7,60/ sFr 14,85*

*unverbindl. Preisempfehlg.